Inhaltsverzeichnis

Einleitung

Hallo, zunächst möchte ich mich bei Ihnen für den Kauf dieses Buches bedanken. Ich werde Ihnen in diesem Buch die Vorzüge und den Nutzen, den Sie mit einer **Cocotte** haben zugutekommen lassen.

Egal, ob Ihre Küche klassisch oder modern ist, die Cocotte wird ihren Platz finden. Rund oder oval, Mini- oder Familienversion, aus Gusseisen oder Keramik, in schillernder Farbe oder so nüchtern wie das kleine Schwarze, die Cocotte passt zu allen Stilen. Zeitlos, es geht durch die Jahre und wird von Mutter zu Tochter weitergegeben.

Cocottes sind Schmortöpfe mit zwei wärmeisolierten Griffen und einer großen Grundfläche, welche sich super für die Zubereitung von Braten oder sogar zum Brotbacken eignen. Größtenteils werden sie aus Gusseisen gefertigt, aber auch andere diverse Materialien sind vertreten.

Sie unterscheiden Sie von klassischen Brätern, da sie einen höheren Rand haben. Viele Leckereien können Sie in diesem Topf zubereiten u. a Hähnchen aber auch Soufflés, Gratins, saftige Rouladen oder deftige Eintöpfe gelingen dir mit einer Cocotte sehr gut.

Die aufgeführten Rezepte werden Ihnen gute Anhaltspunkte geben!

Nun wünsche ich Ihnen viel Spaß beim Lesen und natürlich beim Nachkochen!

Was ist eine Cocotte?

Sie legen ein Stück Fleisch in eine Cocotte, normalerweise Lamm oder Hähnchen und fügen dann gehacktes Gemüse, Salz sowie ein paar Kräuter hinzu. Setzen Sie den Deckel auf und kochen bei milder Hitze.

Das Ergebnis daraus? Das Fleisch ist zart, saftig und lecker.

Dies ist das Grundprinzip der Herstellung von Cocotte. "En cocotte", wie die Franzosen sagen, wobei "Cocotte" ein typischer französischer runder oder ovaler Topf aus Gusseisen oder hitzebeständiger Keramik ist. In der Vergangenheit wurden Cocottes über das Feuer gelegt. Dank der Verwendung besserer Materialien und Formen, die eine hervorragende Wärmezirkulation begünstigen, ist die Cocotte heute ein zugänglicheres und benutzerfreundlicheres Gefäß. Dennoch behalten moderne Cocottes das wichtigste Merkmal dieses Gefäßes bei, nämlich dass sie keine Flüssigkeit benötigen. Dies ist der Unterschied zwischen dem Kochen in der Cocotte und dem traditionellen Schmoren.

Ein weiterer Unterschied besteht darin, dass kleine Fleischstücke zum Schmoren verwendet werden. Das Ergebnis: keine Flüssigkeit, authentischerer Geschmack, saftiges Fleisch, einfachere Kochmethode. Um die Geheimnisse dieser alten Kochmethode zu entdecken, müssen Sie sich zuerst die Cocotte genauer ansehen. Dieser besteht aus Materialien, die Wärme speichern und langsam abgeben können. Aus diesem Grund ist gute Cocotte dick und schwer. Es wird daher empfohlen, vor dem Schließen des Deckels ein Stück Aluminiumfolie auf die Cocotte zu legen: Diese wirkt, wie eine "Versiegelung" und Sie können ie Gerichte länger bei einer niedrigeren Temperatur kochen. Denken Sie daran, dass für das hnchen der Ofen auf 120°C eingestellt sein und die Garzeit nicht weniger als zwei Stunden agen sollte.

Konduktion/Konvektion

Aus wissenschaftlicher Sicht kann das langsame Garen in Kombination mit einer typischen Cocotte die Wärmeübertragung auf das Lebensmittel optimieren. Das Wichtigste ist zunächst das Vorhandensein einer **Konduktion** (Wärmeleitung), bei der Wärme von der Oberfläche in die Mitte des Lebensmittels eindringt.

Dann gibt es die **Konvektion**, bei der die Wärme der feuchten Luft (in der Cocotte) auf das Essen übertragen wird. Schließlich gibt es das Phänomen der Strahlungswärme, d. h Wärme von energiereichen Wellen, die dazu neigen, die Oberfläche des Lebensmittels zu erwärmen (und sich aufgrund der Wärmeleitung zu verbreiten).

All das erhöht die Temperatur der Cocotte allmählich, ohne die natürliche Luftfeuchtigkeit des Hähnchens oder des köstlichen Lamms, das wir kochen, zu beeinträchtigen. Dies gibt der Muskelfaser Zeit, sich zu zersetzen und zart zu machen, ohne seinen Geschmack zu "verdünnen".

Cocotte Vs. Dutch Oven

Was ist der Unterschied zwischen einer Cocotte und einem Dutch Oven?

Dutch Oven Hersteller und -marken verwenden unterschiedliche Namen für verschiedene Formen der Dutch-Oven (wie Cocotte, französischer Ofen und Dutch-Oven), um natürlich die Verwirrung zu verstärken. Zwei sehr bekannte Marken, Le Creuset und Staub, haben Cocottes, French Ovens und Dutch Ovens in ihrem breiten Angebot an Kochgeschirr und Zubehör.

Cocottes (französischer Ofen) und der Dutch Oven sind beide Emaille-Töpfe aus Gusseisen. Gegossen mit etwas dickeren Wänden, Böden und einem schweren, dicht schließenden Deckel. Dutch-Ovens haben normalerweise Spikes im Deckel. Diese Spikes lassen das aromatische Kondensat zurück in den Ofen tropfen, was zum guten Geschmack führt, den wir alle so lieben.

Hier unterscheiden sich Dutch-Oven und Cocotte grundlegend

Der Deckel des Dutch Ovens ist so gebogen, dass die Gießfunktion des Deckels maximiert wird. Dagegen haben einige Topfdeckel der Cocotte Stacheln (Spikes). Diese haben erstaunliche Vorteile beim Selbstanbraten, sehen aber einfach anders aus. Cocottes- und Dutch-Ovens gibt es in verschiedenen Formen, Größen, Farben, Gewichten, Preisen und Designs.

Richtige Verwendung

Kein Problem! Folgen Sie einfach diese einfachen Anweisungen

- Fügen Sie vor dem Erhitzen unbedingt etwas Öl, Butter oder Wasser hinzu. Lassen Sie die Cocotte nicht kochen oder trocknen.
- Kochen Sie nicht bei hohen Temperaturen. Niedrige bis mittlere Hitze reicht aus, um ein gleichmäßiges Garen zu gewährleisten. Wenn Sie dies tun, wird das Essen nicht vollständig verbrannt oder gekocht. Auf diese Weise können Sie viel Energie sparen.
- Um bei hohen Temperaturen zu kochen, erhitzen Sie einige Minuten lang auf einer niedrigen Temperatur und erhöhen Sie dann die Temperatur allmählich, um Temperaturschocks zu vermeiden.
- Sie sollten die Cocotte abkühlen, bevor Sie diese in den Kühlschrank stellen.
- Obwohl die Emaille-Beschichtung sehr hart ist, sollten Sie von Metallspateln oder Löffeln besser die Finger lassen. Setzen Sie dafür lieber auf Holz oder Silikon.
- Halten Sie den Deckel immer fest geschlossen. Dadurch kann die Cocotte im inneren ihre Arbeit gut erledigen und das Essen ständig mit Feuchtigkeit versorgen. Dies ist eine großartige Möglichkeit, Ihre Rezepte gesünder zu machen, da Sie während des gesamten Garvorgangs kein zusätzliches Öl hinzufügen müssen.
- Versuchen Sie außerdem das „Teil“ richtig zu halten. Schützen Sie Ihre Hände mit Handschuhen oder Silikonschützern.

Vorteile

Obwohl wir sie kaum kennen, sind Cocotte seit vielen Jahren ein unverzichtbares „Werkzeug" in jeder Küche in Frankreich, Belgien und Luxemburg. Sie gelten als sehr wertvoll und werden von Generation zu Generation weitergegeben.

Einerseits ist Eisen ein Material, das Wärme besser speichern und übertragen kann. Aus diesem Grund eignen sich Cocotte sehr gut zum langsamen Garen. Das Essen wird langsam und gleichmäßig mit seinem eigenen Saft gekocht und hat einen einzigartigen Geschmack.

Zweitens kommt dieser einzigartige Geschmack von den Eigenschaften der Innenbeschichtung der Cocotte. Ihre besondere Zusammensetzung macht diese Kasserollen perfekt für alle Arten von Kochtechniken: Schmoren oder Dünsten bei niedriger Temperatur, Anbraten bei hohen Temperaturen, Karamellisieren, Braten, Anbraten und sogar Backen. Aber was sie so einzigartig macht, ist, dass die besten Aromen und Ergebnisse erzielt werden, je öfter man sie benutzt: Speiseöl dringt in die Poren der Emaille-Beschichtung ein und bildet eine natürliche dunkelbraune Antihaftschicht, die die Kocheffizienz verbessert, das Anhaften von Speisen verhindert und den Ölbedarf reduziert.

Das dritte Element, das zum Erreichen dieses einzigartigen Geschmacks beiträgt, sind die Halbkugeln im Inneren des Deckels. Sie sammeln den beim Kochen freigesetzten Dampf und geben das kondensierte Wasser kontinuierlich und gleichmäßig an die Speisen ab. Dank dieses Selbstbefeuchtungssystems bleiben die Speisen immer feucht und die Mahlzeiten sind so schmackhaft wie bei unseren lieben Großmüttern.

Dies sind die Eigenschaften, welche die Cocotte Gerichte so lecker machen. Darüber hinaus weisen diese Töpfe weitere Eigenschaften und Vorteile auf:

- Sie sind für Induktion und alle Arten von Öfen geeignet. Sie sind auch ofenfest. Denken Sie jedoch nicht einmal daran, sie in einer Mikrowelle zu verwenden.
- Der Kochtopf ist dick, solide und widerstandsfähig.
- Die innere Emailleschicht ist haltbar und kratzfest.
- Cocottes haben recht gute Ablöseeigenschaften.
- Sie sind sehr einfach zu benutzen, zu pflegen und zu reinigen, sowohl von Hand als auch in der Spülmaschine.

Ist es besser, mit Kochgeschirr aus Gusseisen zu kochen als mit Kochgeschirr aus Aluminiumguss oder Edelstahl?

Wie immer haben alle Optionen ihre Vor- und Nachteile also wägen Sie selbst für sich ab.

REZEPTE

FLEISCHGERICHTE

Kalbsfleisch mit Oliven

PORTIONEN: 2-4

VORBEREITUNGSZEIT: 20 MIN

KOCHZEIT: 1 STD

Zutaten:

- 4 Knoblauchzehen
- 1 gelbe Paprika
- 1 rote Paprika
- 700 g fettfreie Kalbsschulter
- 1 vorgebackener Pizzateig
- 150 g gemischte grüne und schwarze Oliven
- 4 EL Olivenöl
- Salz und Pfeffer

Zubereitung:

1. Heizen Sie den Backofen auf 175°C vor.
2. Schälen und hacken Sie die Knoblauchzehen.
3. Waschen, entkernen und schneiden Sie die Paprikaschoten in Stücke.
4. Schneiden Sie das Kalbfleisch in kleine Stücke.
5. Schneiden Sie mit einem Messer vier ca. 2 cm breite Streifen in den Pizzateig.
6. Teilen Sie die Kalbfleischstücke in vier Mini-Cocottes.
7. Fügen Sie die Paprikastücke und die Oliven hinzu.
8. Mit Salz und Pfeffer würzen und 1 Esslöffel Olivenöl pro Auflauf hinzugeben.
9. Die Aufläufe abdecken, mit einem Teigstreifen fest verschließen und für 1 Stunde und 10 Minuten in den Ofen stellen.
10. Nehmen Sie sie aus dem Ofen und lassen Sie sie 10 Minuten ruhen, bevor Sie die Teigkruste aufbrechen.
11. Servieren mit Oliven und Buttergrieß.

Notizen:

Curry Auflauf

PORTIONEN: 2-4 VORBEREITUNGSZEIT: 25 MIN KOCHZEIT: 35 MIN

Zutaten:

- 2 Hähnchenbrüste
- 20 g Butter
- 2 Zitronengrasstängel
- 5 große Garnelen
- 5 frische Spinatblätter
- 100 g Fenchel
- 6 Kirschtomaten
- 10 Brechbohnen

Für die Currysauce:

- 4 EL Esslöffel Sahne, Olivenöl und Currypulver
- 1 Teelöffel Kreuzkümmelpulver
- 800 ml Kokosmilch aus der Dose
- 1 Banane
- 1 Apfel
- Salz und frisch gemahlener Pfeffer

Zubereitung:

1. Heizen Sie den Backofen auf 180°C vor.
2. Verteilen Sie die gewählten Zutaten auf die Auflaufformen.
3. Für den Hähnchenauflauf schneiden Sie zunächst das Hähnchen in große Stücke und schneiden das Zitronengras in Scheiben.
4. Für den Krabbenauflauf schälen Sie die Garnelen.
5. Für den Gemüseauflauf den Fenchel schälen und in kleine Stücke schneiden; die Tomaten und Bohnen waschen und von den Stielansätzen befreien.

Bereiten Sie die Currysauce zu:

1. Geben Sie 1 Esslöffel frische Sahne, 1 Esslöffel Olivenöl und 1 Esslöffel Curry in jede Cocotte. Verteilen Sie den pulverisierten Kreuzkümmel und die Kokosmilch auf die 4 Auflaufformen. Schälen Sie die Banane und den Apfel und schneiden Sie sie in kleine Stücke; verteilen Sie sie gleichmäßig in die Auflaufformen.
2. Mit Salz und Pfeffer würzen. Stellen Sie die Aufläufe zugedeckt für 35 Minuten in den Ofen. Wenn das Curry gekocht ist, heben Sie den Deckel an und rühren den Inhalt jedes Topfes um.
3. Passen Sie die Würzung mit Salz und Pfeffer an, falls erforderlich.
4. Bringen Sie die Aufläufe an den Tisch und teilen Sie sie mit den anderen Gästen, dazu gibt es weißen Reis.
5. Servieren.

Einfache Gänseleber

PORTIONEN: 2-4 VORBEREITUNGSZEIT: 20 MIN KOCHZEIT: 25 MIN

Zutaten:

- 1 Gänseleber entnervt (600 bis 700 g)
- 12 Feigen
- 20 g Butter
- 1 Esslöffel Honig

Zubereitung:

1. Heizen Sie den Ofen auf 180°C vor.
2. Schneiden Sie die Feigen in vier Teile.
3. Teilen Sie sie in 4 Mini-Cocottes mit Butter und Honig.
4. Setzen Sie die Deckel wieder auf.
5. 3Backen Sie 15 Minuten lang und schalten Sie den Ofen aus.
6. Schneiden Sie 4 schöne Scheiben der Gänseleber, legen Sie sie in eine heiße Pfanne, lassen Sie sie 2 Minuten auf jeder Seite bräunen, dann legen Sie sie auf die Feigen.
7. Verfeinern Sie nach Belieben.

Notizen:

Hähnchen mit Wein

PORTIONEN: 2-4

VORBEREITUNGSZEIT: 25 MIN

KOCHZEIT: 1-2 STD

Zutaten:

- 1 Poularde, in Stücke geschnitten
- 500 g dicke Bauernsahne
- 40 g Butter
- 150 g getrocknete oder gefrorene Morcheln
- 2 EL Mehl
- 250 ml Gelbwein
- 1 EL Öl
- Salz und Pfeffer

Zubereitung:

1. Am Vortag die getrockneten Morcheln in heißem Wasser einweichen. Am selben Tag abgießen und trocknen.
2. Heizen Sie den Ofen auf 180°C vor.
3. Erhitzen Sie in einer großen Kasserolle (Cocotte) die Butter und das Öl, geben Sie die Hähnchenstücke hinein und braten Sie sie von allen Seiten an.
4. Salzen, pfeffern und mit Mehl bestäuben und mischen.
5. Bedecken Sie die Kasserolle und backen Sie sie 45 Minuten lang.
6. Nehmen Sie den Schmortopf aus dem Ofen, nehmen Sie die Hähnchenteile heraus und entfernen Sie das gesamte Fett. Gießen Sie den Wein dazu und schaben Sie den Kochsaft mit einem Holzlöffel ab.
7. Rühren Sie die Sahne ein und passen Sie die Würze an.
8. Legen Sie die Hähnchenstücke zurück, fügen Sie die Morchelpilze hinzu und kochen Sie sie bei sehr niedriger Hitze 20 bis 30 Minuten weiter, je nach Festigkeit des Hähnchens.
9. Servieren Sie mit Kartoffelpüree und grünen Bohnen.
10. Der restliche Wein passt sehr gut dazu.
11. Servieren.

Notizen:

Mailänder Osso Buco

PORTIONEN: 4-6 | VORBEREITUNGSZEIT: 25 MIN | KOCHZEIT: 1 STD

Zutaten:

- 8 dicke Scheiben Kalbshaxe
- 1 Kalbsknochen
- 4 Karotten
- 2 Tomaten
- 2 Zwiebeln
- 1 Knoblauchzehe
- 1 Bouquet garni
- 50 g Butter
- 1 Esslöffel Mehl
- 1 kleine Dose Tomatenmark
- 1 Würfelzucker
- 200 ml Weißwein
- 1 Esslöffel Öl
- Salz und Pfeffer

Zubereitung:

1. Die Butter mit dem Öl in der Kasserolle schmelzen, die Haxenscheiben einlegen, um sie von allen Seiten anzubraten. Wenn die Kasserolle nicht groß genug ist, gehen Sie in zwei Schritten vor.
2. Alle Fleischstücke zurück in die Kasserolle (Cocotte) geben, die gehackten Zwiebeln, den Würfelzucker und das Mehl hinzufügen.
3. Mischen Sie, gießen Sie den Weißwein, das Tomatenmark, die in sechs Stücke geschnittenen Tomaten, das Bouquet garni, die geschälten und in Scheiben geschnittenen Karotten, Salz und Pfeffer, den Kalbsknochen und schließlich das Wasser zum Fleisch hinzu.
4. Bei sehr schwacher Hitze zugedeckt 30 Minuten köcheln lassen, dann 30 Minuten zugedeckt köcheln lassen.
5. Rühren Sie regelmäßig um. Die Sauce sollte schmackhaft sein und eine Konsistenz haben, die weder zu flussig noch zu dick ist.
6. Den Kalbsknochen entfernen und mit Nudeln oder cremiger Polenta servieren.

Notizen:

Hähnchenbrust Fondue mit Chilischoten

PORTIONEN: 2-4 VORBEREITUNGSZEIT: 35 MIN KOCHZEIT: 30 MIN

Zutaten:

- 1 kleiner Lauch
- 2 Stängel Zitronengras
- 4 Hähnchenbrüste
- 1 Limette
- 12 gelbe Kirschtomaten
- 4 kleine ganze Paprikaschoten
- 4 EL Olivenöl
- 8 EL Sojasauce
- Salz und frisch gemahlener Pfeffer

Zubereitung:

1. Heizen Sie den Backofen auf 200°C vor.
2. Waschen Sie den Lauch und das Zitronengras, entfernen Sie die Stiele und hacken Sie sie fein.
3. Schneiden Sie die Hähnchenbrust in dünne Scheiben und die Limette in 4 Viertel.
4. Verteilen Sie den Lauch und das Zitronengras auf dem Boden von 4 Kasserollen (Cocotten).
5. Machen Sie dasselbe mit den Kirschtomaten, Ganzen Paprikaschoten, Hähnchenscheiben und Zitronenspalten.
6. Gießen Sie 1 Esslöffel Olivenöl und 2 Esslöffel Sojasauce pro Kasserolle.
7. Fügen Sie wie üblich ein wenig Salz und Pfeffer hinzu.
8. Stellen Sie die Auflaufformen zugedeckt für 30 Minuten in den Ofen.
9. Beobachten Sie die Zeit und öffnen Sie 10 Minuten vor Ende der Garzeit die Kasserollen und entfernen Sie die Chilis und Zitronenspalten.
10. Sobald das Kochen beendet ist, rühren Sie den Inhalt der Aufläufe mit einem Löffel um und servieren Sie warm mit einer Schüssel duftendem Reis.

Notizen:

Dattel-Schmankerl

PORTIONEN: 2-4 | VORBEREITUNGSZEIT: 10 MIN | KOCHZEIT: 10 MIN

Zutaten:

- 1,2 kg Lammschulter,
  in große Würfel geschnitten
- 8 Datteln
- 1 große gehackte Zwiebel
- 250 g blanchierte Mandeln
- 3 Teelöffel Streuzucker
- 2 Nelken
- 2 Zimtstangen
- 1 TL Ingwer
- 6 EL Olivenöl oder Sonnenblumenöl
- Salz und Pfeffer

Zubereitung:

1. Zuerst Ingwer und grobes Salz in einem kleinen Topf mischen und beiseite stellen.
2. Gießen Sie 4 Esslöffel Öl in den Boden einer Kasserolle und braten Sie das Fleisch auf allen Seiten an.
3. Fügen Sie die Zwiebel, dann alle Gewürze, Salz und Safran hinzu und mischen Sie alles zusammen.
4. Das Fleisch mit Wasser bedecken und zugedeckt bei schwacher Hitze etwa 30 Minuten köcheln lassen, dann den Deckel abnehmen und weitere 45 Minuten bis 1 Stunde kochen.
5. Wenn sich der Saft reduziert hat, fügen Sie 1 bis 2 Teelöffel Streuzucker hinzu, rühren Sie um und köcheln Sie etwa 10 Minuten lang. Die Sauce sollte leicht glänzend und sirupartig sein. Je nach Ergebnis lassen Sie den Kochsaft verdampfen oder geben Sie etwas Wasser hinzu.
6. Je nach Geschmack Salz, Pfeffer oder Zucker hinzufügen und warm halten. Während das Gericht kocht, die Mandeln in einer Pfanne in 1 Esslöffel Öl leicht anrösten, dann in saugfähigem Papier trocken tupfen.
7. Entfernen Sie die Steine aus den Datteln und ersetzen Sie sie durch eine geröstete Mandel.
8. 1 Esslöffel Öl in eine Pfanne geben, die gefüllten Datteln, 1 Teelöffel Zucker und etwas Zimtpulver hineingeben, schnell mischen, ohne Zeit zum Kochen zu lassen, damit die Datteln ein glänzendes Aussehen bekommen.
9. Das Fleisch anrichten und die Datteln darauf verteilen. Dazu passt ein Couscous-Grießbrei.

Putengeschnetzeltes mit Bohnen

PORTIONEN: 4-6 | VORBEREITUNGSZEIT: 30 MIN | KOCHZEIT: 1-2 STD

Zutaten:

- 1,5 kg Putenbraten
- 200 g tiefgefrorene Artischockenherzen
- 500 g frische oder tiefgefrorene grüne Bohnen
- 100 g tiefgefrorene Bohnen
- 1 Zwiebel
- 1 Knoblauchzehe
- 1 Bund frischer Thymian
- 20 g Butter
- 1 EL Olivenöl
- Salz und Pfeffer

Zubereitung:

1. Falls nötig, lassen Sie die Bohnen bei Zimmertemperatur auftauen.
2. Die Butter mit dem Öl in einer Kasserolle (Cocotte) schmelzen, das Fleisch von allen Seiten anbraten, dann die gehackte Zwiebel und die Knoblauchzehe dazugeben und anbraten.
3. Mit Salz und Pfeffer würzen, den Thymian und ein Glas Wasser dazugeben, zudecken und 25 Minuten auf kleiner Flamme köcheln lassen.
4. Währenddessen in einem Topf Salzwasser zum Kochen bringen und die Artischockenherzen 10 Minuten lang kochen. Wiederholen Sie den Vorgang mit frischen oder gefrorenen grünen Bohnen für 10 bis 20 Minuten, je nach Größe und gewünschter Konsistenz.
5. In einem weiteren Topf mit kochendem Wasser tauchen Sie die Bohnen für 5 Minuten ein. Lassen Sie das Gemüse abtropfen und stellen Sie es beiseite.
6. Entfernen Sie die Haut von den Bohnen. Schneiden Sie die Artischockenherzen in Viertel.
7. Geben Sie die Bohnen und Artischockenherzen in den Schmortopf und mischen Sie sie vorsichtig mit dem Fleisch.
8. 20 Minuten köcheln lassen, kurz vor dem Servieren die Bohnen hinzufügen.

Notizen:

Kalbsfleisch mit Mozzarella

PORTIONEN: 2-4 VORBEREITUNGSZEIT: 20 MIN KOCHZEIT: 10 MIN

Zutaten:

- 4 Kalbsschnitzel ca. 180 g
- 250 g Mozzarella-Käse
- 20 Kirschtomaten
- 4 EL Olivenöl
- 4 EL Weißwein
- 4 Lorbeerblätter
- 4 Zweige frischen Thymian
- Salz und frisch gemahlener Pfeffer

Zubereitung:

1. Heizen Sie den Backofen auf 200°C vor.
2. Die Kalbsschnitzel in gleichmäßige Streifen schneiden und den Mozzarella in Stücke schneiden.
3. Waschen Sie die Kirschtomaten und entfernen Sie die Stielansätze.
4. Gießen Sie das Olivenöl in den Boden von 4 Kasserollen (Cocotten).
5. Verteilen Sie die Kalbsstreifen und die Tomaten darauf.
6. Mit Salz und Pfeffer wurzen, den Weißwein, das Kalbfleisch und die Tomaten dazwischen geben.
7. Salzen und pfeffern, den Weißwein, den Mozzarella in Stücken, das Lorbeerblatt und den Thymian hinzufügen.
8. Stellen Sie die Auflaufformen zugedeckt für 30 Minuten in den Ofen.
9. Nehmen Sie die Aufläufe dann aus dem Ofen, ohne sie zu öffnen und servieren Sie sie heiß.
10. Genießen Sie sie z.B. mit einem Selleriepüree oder einfach einem Nudelgericht.

Notizen:

Chorizo Gratin

PORTIONEN: 2-4

VORBEREITUNGSZEIT: 25 MIN

KOCHZEIT: 45 MIN

Zutaten:

- 2 Knoblauchzehen
- 8 mittelgroße Kartoffeln
- 50 g weiche Butter
- 1 TL getrockneter Thymian
- 4 Lorbeerblätter
- 12 sehr dünne Scheiben Chorizo
- 250 ml Sahne
- Salz und Pfeffer

Zubereitung:

1. Heizen Sie den Ofen auf 180°C vor.
2. Schälen und hacken Sie die Knoblauchzehen.
3. Schälen Sie die Kartoffeln, waschen Sie sie und schneiden Sie sie in sehr dünne Scheiben.
4. Buttern Sie den Boden von vier Mini-Cocottes aus.
5. Verteilen Sie den gehackten Knoblauch, den Thymian und das Lorbeerblatt auf dem Boden der Auflaufformen, füllen Sie sie dann mit den Kartoffelscheiben und legen Sie die Chorizo-Scheiben hinein.
6. Die flüssige Sahne darüber gießen, mit Salz und Pfeffer würzen.
7. Die Aufläufe zugedeckt für 45 Minuten in den Ofen stellen.
8. Damit die Kartoffeln an der Oberfläche schmelzen und gratiniert werden, decken Sie die Kasserollen ca. 10 min vor Ende der Garzeit auf.
9. Genießen Sie es zu Brathähnchen oder als Hauptgericht mit einem Feldsalat.

Notizen:

Hähnchen mit Zitrone

PORTIONEN: 2-4 | VORBEREITUNGSZEIT: 15 MIN | KOCHZEIT: 25 MIN

Zutaten:

- 4 schöne Hähnchenschenkel aus Freilandhaltung
- 1 fein gehackte Zwiebel
- 2 zerdrückte Knoblauchzehen
- ein paar Korianderblätter
- 150 g grüne oder violette Oliven
- 1 Zitrone
- 1 Teelöffel Ingwerpulver
- ein paar Safranfäden
- 2 kleine Madeleines
- 50 g Butter
- 2 Esslöffel Olivenöl
- Salz und Pfeffer

Zubereitung:

1. Braten Sie die Hähnchenschenkel von allen Seiten an. Nehmen Sie sie heraus, wenn sie eine schöne Karamellfarbe haben und stellen Sie sie beiseite. Heizen Sie den Ofen auf 180°C vor. Braten Sie die Zwiebel glasig, fügen Sie den Knoblauch, Ingwer, Salz, Pfeffer, Safran und 100 ml Wasser hinzu. Rühren Sie, um die Gewürze gut zu vermischen.
2. Geben Sie das Hähnchen zurück in die Kasserolle, rühren Sie um, um das Fleisch mit der Sauce zu überziehen, legen Sie den Deckel auf und stellen Sie die Kasserolle für 1 Stunde zurück in den Ofen. Während des Kochens regelmäßig umrühren. Wenn die Sauce zu stark reduziert, fügen Sie etwas Wasser hinzu.
3. In der Zwischenzeit die Zitrone vierteln, das Fruchtfleisch entfernen und die Schale in dünne Stifte schneiden. Hacken Sie den Koriander und entsteinen Sie die Oliven. Alle Zutaten in die Kasserolle geben und weitere 10 Minuten kochen, mit Deckel, wenn die Sauce sirupartig ist, ohne Deckel, wenn die Sauce zu flüssig ist.
4. Die Würzung anpassen, die Madeleines zerbröseln und servieren.
5. Servieren Sie es mit Couscous-Grieß, dem Sie etwa zwanzig gehackte Minzblätter und ein wenig Butter hinzugefügt haben.

Notizen:

Rindfleisch und Bouillon

PORTIONEN: 2-4

VORBEREITUNGSZEIT: 20 MIN

KOCHZEIT: 10 MIN

Zutaten:

- 350 g Rinderfilet
- 1 Bund Koriander
- 2 Zweige Zitronengras
- 1 Limette
- 8 Sternanis
- 250 ml Rinderbrühe
- Salz und Pfeffer

Zubereitung:

1. Heizen Sie den Backofen auf 200°C vor.
2. Schneiden Sie das Rinderfilet in sehr dünne Streifen.
3. Waschen und hacken Sie den Koriander und das Zitronengras grob.
4. Schneiden Sie die Limette in vier Viertel.
5. Verteilen Sie das Rindfleisch, das Zitronengras, die Zitrone und den Sternanis auf vier Mini-Cocottes.
6. Die Kasserollen zu drei Vierteln mit Rinderbrühe füllen.
7. Die Kasserollen zugedeckt für 20 Minuten in den Ofen stellen.
8. Nehmen Sie sie aus dem Ofen, entfernen Sie die Deckel und bestreuen Sie sie mit Koriander.
9. Passen Sie die Würzung mit Salz und Pfeffer an.
10. Mit einem Löffel umrühren und genießen.

Notizen:

Lammschulter gefüllt mit Pinienkernen

PORTIONEN: 2-4 | VORBEREITUNGSZEIT: 20 MIN | KOCHZEIT: 50 MIN

Zutaten:

- 1 Lammschulter ohne Knochen
- 3 Scheiben Coppa oder Pancetta
- 2 Tomaten
- 2 kleine Zucchini
- 1 Aubergine
- 1 rote Paprika
- 2 Knoblauchzehen
- 1 Bund gemischte Kräuter (Salbei, Thymian, Petersilie, Basilikum)
- 1 Lorbeerblatt
- ein paar Zweige Rosmarin
- 100 g Pinienkerne
- 10 entsteinte grüne oder violette Oliven
- 2 Sardellenfilets
- 1 Scheibe Sandwichbrot
- 40 g Butter
- 4 EL. Esslöffel Olivenöl
- Salz und Pfeffer

Zubereitung:

1. Waschen Sie das Gemüse und würfeln Sie es.
2. Vorwärmen - In der Schüssel einer Küchenmaschine die Knoblauchzehen, Kräuter, Sardellen, Brot, Oliven und Pinienkerne grob pürieren.
3. Mit Salz und Pfeffer würzen.
4. Verteilen Sie diese Zubereitung über das Fleisch und binden Sie die Schulter wie einen Braten, indem Sie die Rosmarinzweige unter die Schnur schieben.
5. Öl und Butter in einer großen Kasserolle erhitzen und die Schulter von allen Seiten anbraten.
6. Die Schulter aus dem Schmortopf nehmen, das Gemüse und das Lorbeerblatt hinzufügen; mit Salz und Pfeffer würzen und die Schulter wieder in den Schmortopf legen.
7. Geben Sie das Fleisch für 45 Minuten in den Ofen, um ein rosiges Fleisch zu erhalten oder verlängern Sie die Garzeit, wenn Sie ein stärker gegartes Fleisch wünschen.
8. Drehen Sie die Schulter um und mischen Sie das Gemüse während des Garens.
9. Fügen Sie ein wenig Wasser hinzu, wenn das Gemüse klebt.
10. Mit einer warmen Fougasse servieren.

Kaninchen mit Senf und Estragon

PORTIONEN: 2-4

VORBEREITUNGSZEIT: 35 MIN

KOCHZEIT: 45 MIN

Zutaten:

- 4 mittelgroße Möhren
- 4 Kaninchenkeulen, ohne Knochen
- 4 Zweige frischer Estragon
- 4 Teelöffel Senfkörner
- 6 Esslöffel Olivenöl
- Salz und Pfeffer

Zubereitung:

1. Heizen Sie den Ofen auf 180°C vor.
2. Schälen Sie die Möhren und schneiden Sie sie in dünne Scheiben.
3. Schneiden Sie die Kaninchenschenkel in Stücke und verteilen Sie sie in vier Mini-Cocottes.
4. Möhrenscheiben, 1 Zweig Estragon und 1 Teelöffel Senf in jede Kasserolle geben.
5. Mit Olivenöl beträufeln und mit Salz und Pfeffer würzen.
6. 5Die Auflaufformen zugedeckt für 45 Minuten in den Ofen stellen.
7. Nehmen Sie sie aus dem Ofen, öffnen Sie sie, rühren Sie den Inhalt mit einem Löffel um und essen Sie sie heiß, begleitet von gedämpften Kartoffeln.

Notizen:

Risotto

PORTIONEN: 2-4

VORBEREITUNGSZEIT: 20 MIN

KOCHZEIT: 45 MIN

Zutaten:

- 200 g Orecchiette
  (oder Hartweizengrießnudeln nach Wahl)
- 1 Zwiebel
- 1 rote Paprika
- 1 Zucchini
- 100 g geriebener Parmesan
- 2 EL Mascarpone oder Crème fraîche
- 200 ml Weißwein
- 750 ml Hühner- oder Gemüsebrühe
- 3 EL Olivenöl
- Salz und Pfeffer

Zubereitung:

1. Die Zwiebel, die entkernte Paprika und die Zucchini waschen und würfeln.
2. Braten Sie die Paprika und anschließend die Zucchini in einer Kasserolle mit 1 Esslöffel Olivenöl an. Lassen Sie für jedes Gemüse 6 bis 8 Minuten Zeit.
3. Rühren Sie häufig um und überwachen Sie das Garen, damit sie nicht anbrennen. Beiseite legen.
4. In der gleichen Kasserolle die Zwiebel in 2 Esslöffeln Olivenöl 3 Minuten anbraten, die Orecchiette dazugeben, dann den Weißwein.
5. Lassen Sie die Orecchiette die Flüssigkeit aufsaugen und befeuchten Sie sie dann, genau wie bei einem Risotto, während des Kochens mit der Brühe, bis sie aufquellen und nach Ihrem Geschmack gegart sind.
6. Kochen Sie 30 bis 45 Minuten, je nach Volumen der Nudeln.
7. Am Ende der Garzeit die Paprika- und Zucchiniwürfel, Salz und Pfeffer, dann den Mascarpone hinzufügen.
8. 2 Minuten ziehen lassen, den Parmesankäse unterheben und sofort servieren.

Notizen:

Lamm-Leckerei

PORTIONEN: 2-4 | VORBEREITUNGSZEIT: 35 MIN | KOCHZEIT: 1-2 STD

Zutaten:

- 1 Paprika
- 1 Zwiebel
- 400 g Lammschulter
- 4 Backpflaumen
- 4 getrocknete Aprikosen
- 4 Lorbeerblätter
- 2 Teelöffel Kreuzkümmelpulver
- 4 EL Honig
- 4 EL Olivenöl
- Salz und Pfeffer

Zubereitung:

1. Heizen Sie den Ofen auf 180°C vor.
2. Waschen, entkernen und schneiden Sie die Paprika in Scheiben.
3. Die Zwiebel schälen und in Scheiben schneiden.
4. Schneiden Sie das Lammfleisch in Stücke.
5. Verteilen Sie die Lammstücke, die gehackte Paprika und Zwiebel, die Pflaumen, die getrockneten Aprikosen und die Lorbeerblätter auf vier Babykartoffeln.
6. Fügen Sie den Kreuzkümmel und den Honig hinzu.
7. Salzen und pfeffern Sie und gießen Sie das Olivenöl und etwas Wasser in jede Kasserolle.
8. Decken Sie die Kasserollen ab und stellen Sie sie für 1,5 Stunden in den Ofen.
9. Wenn das Gericht gar ist, die Deckel entfernen, den Inhalt mit einem Löffel umrühren und mit Couscous-Grieß genießen.

Notizen:

Zitronen Hähnchen mit Fenchel

PORTIONEN: 2-4 VORBEREITUNGSZEIT: 25 MIN KOCHZEIT: 30 MIN

Zutaten:

- 2 rote Paprikaschoten
- 2 Fenchelknollen
- 4 kandierte Zitronen
- 4 Hähnchenbrüste
- 20 leicht gewürzte schwarze Oliven
- 4 Zweige frischer Thymian
- 8 EL Olivenöl
- Salz und Pfeffer

Zubereitung:

1. Den Backofen auf 180°C vorheizen.
2. Paprika und Fenchel waschen, schälen, entkernen und fein würfeln. (Sie können eine Küchenmaschine verwenden, um sie noch feiner zu bekommen.)
3. Schneiden Sie die kandierten Zitronen in Viertel.
4. Schneiden Sie die Hähnchenbrüste in gleichmäßige Streifen.
5. Verteilen Sie das Gemüse auf die Böden von vier gusseisernen Mini-Cocottes.
6. Die Hähnchenstreifen, Oliven, Thymian und Zitronenspalten darauf anrichten.
7. Mit Olivenöl beträufeln, salzen und pfeffern. Die Aufläufe zugedeckt für 30 Minuten in den Ofen stellen.
8. Heiß servieren, z. B. mit einfachem Grießbrei oder Kartoffelpüree.

Notizen:

Kalbskotelett mit Pilzen

PORTIONEN: 2-4 | VORBEREITUNGSZEIT: 15 MIN | KOCHZEIT: 45 MIN

Zutaten:

- 1 Kalbskotelett von 500 bis 600 g
- 100 g Speck
- 400 g Pfifferlinge
- 1 Bund Frühlingszwiebeln
- 250 g Rattenkartoffeln oder Schrot (nach Belieben)
- 8 Zweige frischer Thymian
- 40 g Butter
- 5 Esslöffel Öl
- Salz und Pfeffer
  in Scheiben geschnitten

Zubereitung:

1. Den Backofen auf 180°C vorheizen.
2. In einer Kasserolle 1 Esslöffel Öl und 20 g Butter erhitzen.
3. Das Kalbskotelett von allen Seiten anbraten, salzen und pfeffern.
4. Nehmen Sie das Fleisch heraus, geben Sie die gewaschenen und halbierten Kartoffeln dazu und legen Sie das Fleisch wieder hinein.
5. Den Thymian dazugeben, abdecken und für ca. 20 Minuten in den Ofen schieben: Die Garzeit hängt von der Dicke des Kalbskoteletts ab.
6. Entfernen Sie in der Zwischenzeit den erdigen Fuß von den Pfifferlingen und waschen Sie sie diese unter laufendem Wasser.
7. Trocknen Sie sie gut ab. Waschen und halbieren Sie die Frühlingszwiebeln.
8. Erhitzen Sie die restliche Butter und das Öl in einer anderen Kasserolle oder großen Bratpfanne.
9. Braten Sie die Champignons, die Zwiebeln und den Speck bei starker Hitze unter ständigem Rühren an, damit das Wasser aus den Champignons verdampft.
10. Alles in den Schmortopf über das Kalbskotelett gießen und je nach gewünschter Garzeit (rosé oder gekocht) 10 bis 15 Minuten köcheln lassen.
11. Mit Salz und Pfeffer würzen.

Notizen:

Spargel mit Schinken

PORTIONEN: 2-4

VORBEREITUNGSZEIT: 30 MIN

KOCHZEIT: 40 MIN

Zutaten:

- 24 grüne Spargel
- 1 Orange
- 4 große Scheiben Rohschinken
- 4 Lorbeerblätter
- 4 EL Olivenöl
- 4 TL Sojasauce
- Salz und Pfeffer

Zubereitung:

1. Heizen Sie den Ofen auf 180°C vor.
2. Schälen Sie den Spargel vorsichtig und schneiden Sie ihn dann in ca. 4 cm lange Stücke.
3. Schneiden Sie die Orange in acht Viertel, ohne sie zu schälen.
4. Die Schinkenscheiben leicht entfetten.
5. Die Schinkenscheiben an den Seiten von vier Mini-Cocottes anordnen.
6. Die Spargelstücke in die Mitte geben und fest zusammendrücken, dann das Lorbeerblatt und 2 Orangenviertel hineingeben.
7. Mit Olivenöl und Sojasauce beträufeln, salzen und pfeffern.
8. Die Auflaufformen abdecken und für 40 Minuten in den Ofen stellen.
9. Wenn der Spargel gar ist (er darf noch etwas knusprig sein), essen Sie ihn noch heiß, begleitet von einem mit dem Spargelkochsaft gewürzten Toast.

Notizen:

Erbsen mit Entenbrust

PORTIONEN: 2-4

VORBEREITUNGSZEIT: 10 MIN

KOCHZEIT: 30 MIN

Zutaten:

- 2 Frühlingszwiebeln
- 20 Scheiben geräucherte Entenbrust
- 4 Esslöffel Olivenöl
- 4 Lorbeerblätter
- 4 Zweige frischer Thymian
- 700 g tiefgekühlte Erbsen
- Salz und Pfeffer aus der Mühle

Zubereitung:

1. Heizen Sie den Backofen auf 200°C vor.
2. Die Frühlingszwiebeln schälen und grob hacken.
3. Die Scheiben der Entenbrust teilweise entfetten.
4. Gießen Sie 1 Esslöffel Olivenöl in den Boden von 4 Kasserollen.
5. Die Zwiebelstücke darauf verteilen, dann 1 Lorbeerblatt, 1 Zweig Thymian und 5 Scheiben geräucherte Entenbrust pro Kasserolle hinzufügen.
6. Mit den Erbsen bedecken, salzen und pfeffern.
7. Senken Sie die Ofentemperatur auf 180°C, dann stellen Sie die Auflaufformen zugedeckt für 30 Minuten in den Ofen.
8. Wenn die Erbsen gar, aber noch knackig sind, nehmen Sie die Auflaufformen aus dem Ofen.
9. Rühren Sie den Inhalt um, um ihn warm zu halten, und servieren Sie ihn.

Notizen:

Rinderhackfleischbrühe

PORTIONEN: 2-4

VORBEREITUNGSZEIT: 20 MIN

KOCHZEIT: 10 MIN

Zutaten:

- 350 g Rinderfilet
- 1 Bund Koriander
- 2 Zweige Zitronengras
- 1 Limette
- 250 Rinderbrühe
- 8 Sternanis
- Salz und frisch gemahlener Pfeffer

Zubereitung:

1. Heizen Sie den Backofen auf 200°C vor.
2. Schneiden Sie das Rinderfilet in sehr dünne Streifen.
3. Waschen und hacken Sie den Koriander und das Zitronengras grob.
4. Schneiden Sie die Limette in 4 Spalten.
5. Verteilen Sie die Rinderfiletstreifen, das Zitronengras, die Zitronenspalten und den Sternanis gleichmäßig auf 4 Auflaufformen.
6. Füllen Sie die Kasserollen zu drei Vierteln mit Rinderbrühe.
7. Stellen Sie die Auflaufformen zugedeckt für 20 Minuten in den Ofen.
8. Dann die Auflaufformen aus dem Ofen nehmen, die Deckel abnehmen und mit Koriander bestreuen.
9. Passen Sie die Würzung mit Salz und Pfeffer an.
10. Mit einem Löffel umrühren und genießen.

Notizen:

Spinat en Cocotte

PORTIONEN: 2-4

VORBEREITUNGSZEIT: 15 MIN

KOCHZEIT: 15 MIN

Zutaten:

- 200 Gramm Spinat
- 2 Eier
- 1 Scheibe Speck
- 1 Pizzakäse
- 1 Prise Salz und Pfeffer

Zubereitung:

1. Waschen Sie den Spinat und kochen Sie ihn. Halten Sie den Spinat an den Blättern und kochen Sie zuerst die Stiele für etwa 30 Sekunden.
2. Nun den ganzen Spinat hineingeben und weitere 30 Sekunden kochen, so dass die Stiele 1 Minute und die Blätter 30 Sekunden lang gekocht werden.
3. Den gekochten Spinat in kaltem Wasser abkühlen lassen und in 5 cm große Stücke schneiden. Gut ausdrücken und mit Salz und Pfeffer mischen.
4. Den Spinat in 2 hitzebeständige Behälter geben, in der Mitte ein Loch machen und in jedes Loch ein Ei aufschlagen.
5. Mit Käse und dünn geschnittenem Speck belegen und 7 bis 8 Minuten im Ofen überbacken.
6. Während des Verzehrs das Eigelb aufschlagen.

Notizen:

VEGETARISCH

Rotkohlfondue mit Curry und Trockenfrüchten

PORTIONEN: 2-4 | VORBEREITUNGSZEIT: 20 MIN | KOCHZEIT: 1 STD

Zutaten:

- 500 g Rotkohl
- 1 Mango
- 4 Datteln
- 4 getrocknete Aprikosen
- 4 entsteinte Pflaumen
- 1 EL Currypulver
- 2 EL Rosinen
- 100 g Butter
- Salz und Pfeffer

Zubereitung:

1. Heizen Sie den Ofen auf 180°C vor.
2. Waschen Sie den Rotkohl und schälen Sie die Mango, dann schneiden Sie sie in kleine Stücke. Die Datteln, getrockneten Aprikosen und Pflaumen grob hacken.
3. Tauchen Sie den Rotkohl 5 Min. in einen Topf mit kochendem Salzwasser, dann lassen Sie ihn gut abtropfen.
4. Mischen Sie den Rotkohl, den Curry, die Mango und alle Trockenfrüchte in einer großen Salatschüssel. Mit Salz und Pfeffer würzen.
5. Den Boden von vier Mini-Cocottes mit Butter bestreichen, dann den Rotkohl mit Obst darauf legen. Bedecken Sie die Aufläufe und stellen Sie sie dann für etwa 1 Stunde in den Ofen.
6. Heiß genießen als vegetarisches Gericht oder als Beilage zu Wild oder Hähnchen.

Notizen:

Karotten nach marokkanischer Art

PORTIONEN: 2-4 | VORBEREITUNGSZEIT: 25 MIN | KOCHZEIT: 45 MIN

Zutaten:

- 8 mittelgroße Karotten
- 3 Orangen
- 30 g frischer Ingwer
- 1 Bund Koriander
- 4 kleine kandierte Zitronen
- 1 Teelöffel Kreuzkümmelpulver
- 1 Teelöffel Kreuzkümmelsamen
- 1 Teelöffel Currypulver
- 8 Esslöffel Olivenöl
- Salz und Pfeffer

Zubereitung:

1. Heizen Sie den Ofen auf 180°C vor.
2. Die Möhren schälen und in sehr dünne Scheiben schneiden. Pressen Sie die Orangen aus, um den Saft zu gewinnen. Schälen und reiben Sie den Ingwer.
3. Waschen und hacken Sie den Koriander. Schälen und hacken Sie die Schale der kandierten Zitronen.
4. Mischen Sie den pulverisierten Kreuzkümmel und die Kreuzkümmelsamen, das Currypulver, den Ingwer, die Karotten und die gehackte Zitronenschale in einer Salatschüssel.
5. Verteilen Sie die Möhren auf vier Babykartoffeln.
6. Mit Salz und Pfeffer würzen, dann den Orangensaft und das Olivenöl dazugeben.
7. Zugedeckt in den Ofen schieben. 45 Minuten kochen lassen: Die Karotten sollten weich sein und auf der Zunge zergehen.
8. Mit gehacktem Koriander bestreuen und heiß oder kalt essen, als Vorspeise oder zum Garnieren von Fisch.

Notizen:

Gebackene Eier mit Champignons

PORTIONEN: 2-4 | VORBEREITUNGSZEIT: 15 MIN | KOCHZEIT: 25 MIN

Zutaten:

- 4 Esslöffel ungesalzene Butter
- Ca. 110 g geputzte, halbierte und in dünne Scheiben geschnittene Champignons
- nur 1 Zweig Thymianblätter
- 1 Schalotte, fein gehackt (oder ¼ Zwiebel, fein gehackt)
- 1-2 Knoblauchzehen, fein gehackt
- Eine Prise Cayennepfeffer
- Salz zum Würzen
- 1 Teelöffel Balsamico-Essig
- Ca. 110 g Sahne
- 2-4 Esslöffel extra Sahne
- 4 große Eier
- Ca. 85 g geriebener Gruyere-Käse
- Salz und Pfeffer zum Servieren
- gehackte Petersilie zum Servieren
- 6-8 Scheiben gebuttertes Toastbrot zum Servieren

Zubereitung:

1. Den Ofen auf 180°C vorheizen.
2. 4 Auflaufformen buttern und beiseite stellen. 4 Esslöffel Butter in einer Pfanne bei mittlerer Hitze erhitzen.
3. Sobald die Butter geschmolzen ist, die Schalotten, den Thymian und den Knoblauch hinzugeben und einige Minuten lang anbraten, bis die Schalotten weich geworden sind.
4. Die Champignons und den Cayennepfeffer hinzugeben. Die Pilze in der Pfanne hin und her bewegen, um sie mit den Gewürzen zu überziehen.
5. Etwa 5 Minuten kochen lassen, bis die Pilze weich geworden sind und die Gewürze aufgenommen haben.
6. Den Balsamico-Essig und ca. 110 g Sahne hinzufügen und umrühren. Etwa 1 Minute kochen lassen, bis die Sahne das Pilzaroma aufgenommen hat. Bei Bedarf mit Salz abschmecken.
7. Die zusätzliche Sahne nur einrühren, wenn die Mischung zu trocken erscheint.
8. Die Pilzmischung in die vier vorbereiteten Auflaufformen geben. In jede Auflaufform ein Ei aufschlagen. Mit dem Stiel eines Löffels den Boden der Förmchen umrühren, um die Pilze mit dem Eiweiß zu vermischen (darauf achten, dass das Eigelb nicht zerfällt).
9. Den Gruyere-Käse in jede Auflaufform geben.
10. Nun etwas Wasser in einem Kessel zum Kochen bringen. Alle Förmchen in eine Backform stellen und die Form in den Ofen schieben. Gießen Sie das Wasser vorsichtig in die Backform, etwa bis zur Hälfte der Förmchen (achten Sie darauf, dass das Wasser nicht in die Förmchen eindringt!).
11. Im Ofen 12 bis 15 Minuten backen, bis das Eiweiß fest, das Eigelb aber noch flüssig ist (das Eigelb fühlt sich sehr weich an, aber die Form ist an den Rändern fest). Aus dem Ofen und dann aus dem Wasserbad nehmen.
12. Mit Salz, Pfeffer und gehackter Petersilie bestreuen.
13. Mit gebuttertem Toast servieren.

Kartoffelpüree (Hausgemacht)

PORTIONEN: 2-4 | VORBEREITUNGSZEIT: 15 MIN | KOCHZEIT: 25 MIN

Zutaten:

- 1 kg Kartoffeln
- 100 g Butter
- 200 ml Milch
- Salz und Pfeffer

Zubereitung:

1. Die Kartoffeln schälen, waschen, in Würfel schneiden, in einen Topf mit kaltem Salzwasser geben, zum Kochen bringen und 20 bis 25 Minuten kochen.
2. Prüfen Sie mit einer Messerspitze, ob die Kartoffeln gar sind.
3. Erhitzen Sie die Milch. Die Kartoffeln abgießen, noch heiß mit einem Kartoffelstampfer zerdrücken oder direkt im Topf zerreiben.
4. Die Hälfte der Milch hinzufügen und die in kleine Stücke geschnittene Butter einrühren.
5. Wenn Ihnen das Püree zu dick ist, fügen Sie Milch hinzu, bis die gewünschte Konsistenz erreicht ist.
   Mit Salz und Pfeffer würzen.
6. Mixen Sie das Püree kräftig mit einem Schneebesen, um die Luft einzuarbeiten.
7. Servieren.

Notizen:

Vegetarischer Auflauf

PORTIONEN: 4-6 | VORBEREITUNGSZEIT: 15 MIN | KOCHZEIT: 30 MIN

Zutaten:

- 5-6 Karotten
- 2 Zucchini
- 300 g Tiefkühlerbsen
  oder 600 g geschälte Erbsen
- 200 g grüne Bohnen
- 1 Bund weiße Zwiebeln
- 1 Bund Koriander
- 1 Teelöffel gemahlener Ingwer
- 1 Esslöffel Honig
- 5 Esslöffel Olivenöl
- Salz und Pfeffer

Zubereitung:

1. Waschen und schälen Sie die Möhren, Zucchini und Zwiebeln und schneiden Sie sie in große Stifte.
2. Gießen Sie das Öl in die Kasserolle und fügen Sie das Gemüse, den Ingwer, Salz, Pfeffer und Honig hinzu.
3. Mischen, 150 ml Wasser eingießen und abdecken.
4. 20 Minuten bei schwacher Hitze köcheln lassen.
5. In der Zwischenzeit kochen Sie die grünen Bohnen in kochendem Salzwasser ca. 20 Minuten.
6. Kochen Sie auf die gleiche Weise die Erbsen für 5 Minuten.
7. Geben Sie sie zusammen mit dem anderen Gemüse in den Schmortopf und lassen Sie sie 10 Minuten köcheln, damit sich die Aromen vermischen.
8. Passen Sie die Würzung nach Ihrem Geschmack an, bestreuen Sie sie mit gehacktem Koriander und servieren Sie nach Belieben.

Notizen:

Eier en Cocotte (geraffte Eier) mit Spinat, Mayonnaise und Käse

PORTIONEN: 2-4 VORBEREITUNGSZEIT: 10 MIN KOCHZEIT: 15 MIN

Zutaten:

- 1 Tüte Spinat
- 4 Eier
- 1 Mayonnaise
- 1 leicht schmelzender Käse
- 15 Gramm Butter
- 1 Salz
- Schwarzer Pfeffer

Zubereitung:

1. Den Spinat in Butter andünsten und mit Salz und Pfeffer würzen.
2. In eine Auflaufform oder Gratinform geben.
3. Die Eier auf dem Spinat aufschlagen.
4. Die Mayonnaise über den Spinat träufeln.
5. Nun den leicht schmelzenden Käse über die Oberseite streuen.
6. In einem Toaster goldbraun backen.
7. Wenn der Käse goldbraun wird, ist es bereit zum Verzehr.
8. Warme, halbgare Eier, Mayonnaise und Käse mit Spinat vermischen.
9. Servieren.

Notizen:

Cremiges Polenta

PORTIONEN: 4-8 VORBEREITUNGSZEIT: 10 MIN KOCHZEIT: 15 MIN

Zutaten:

- 250 g vorgekochte Polenta
- 250 ml Schlagsahne
- 750 ml Milch
- 45 g Butter
- 100 g geriebener Parmesankäse

Zubereitung:

1. Milch und Sahne in einem großen Topf erhitzen, die Hitze reduzieren, die Polenta unter Rühren hineinschütten, um Klumpen zu vermeiden.
2. Die Polenta ist gekocht, wenn sie sich von den Wänden löst.
3. Vom Herd nehmen und die Butter und den Parmesan hinzufügen.

Notizen:

Grünes Chili-Cheddar-Maisbrot

PORTIONEN: 4-6 VORBEREITUNGSZEIT: 15 MIN KOCHZEIT: 25 MIN

Zutaten:

- Ca. 120 g Maismehl
- Ca. 125 g Allzweckmehl
- Ca. 50 g Kristallzucker
- 1 Teelöffel feines Meersalz
- 1 1/2 Esslöffel Backpulver
- 1/2 Teelöffel Backnatron
- 2 Eier
- 80 ml Traubenkernöl
- 180 ml Milch
- 180 ml Buttermilch
- Ca. 80 g Cheddar-Käse, gerieben
- Eine ca. 110 g Dose gehackte grüne Chilis

Zubereitung:

1. Heizen Sie den Backofen auf ca. 176°C vor und legen Sie ein Muffinblech mit Papierförmchen aus. Hinweis: Wenn Sie keine Muffinförmchen haben, sprühen Sie das Blech mit Kochspray ein, um ein Festkleben zu verhindern.
2. In einer großen Rührschüssel Maismehl, Mehl, Zucker, Salz, Backpulver und Natron verquirlen.
3. In einer anderen Schüssel Eier, Öl, Milch und Buttermilch verquirlen.
4. Die feuchten Zutaten zu den trockenen geben und verrühren, bis alles gut vermischt ist.
5. Den Käse und die Chilischoten behutsam unterheben.
6. Mit einem großen Löffel oder einer Portionskelle einen Teil des Teigs auf die mit Chili gefüllten Cocottes geben.

Hinweis: Dieses Maisbrot kann auch ohne Chili in einer Cocotte gebacken werden!

Notizen:

Kartoffel-Tomaten Gratin mit Feta

PORTIONEN: 2-4 VORBEREITUNGSZEIT: 20 MIN KOCHZEIT: 45 MIN

Zutaten:

- 200 g Fetakäse
- 2 Knoblauchzehen
- 20 Basilikumblätter
- 8 mittelgroße Kartoffeln
- 50 g weiche Butter
- 1 Teelöffel getrockneter Thymian
- 20 griechische marinierte schwarze Oliven
- 20 Kirschtomaten
- 4 Esslöffel Olivenöl
- Salz und Pfeffer

Zubereitung:

1. Heizen Sie den Ofen auf 180°C vor.
2. Schneiden Sie den Feta-Käse in große Würfel. Schälen und pressen Sie die Knoblauchzehen.
3. Waschen Sie die Basilikumblätter. Schälen Sie die Kartoffeln, waschen Sie sie und schneiden Sie sie in sehr dünne Scheiben.
4. Buttern Sie die Böden von vier Mini-Cocottes.
5. Verteilen Sie den Knoblauch, die Basilikumblätter, die Kartoffelscheiben, den Thymian, die Oliven, die Tomaten und die Fetakäsewürfel darauf.
6. Abdecken und für 45 Min. in den Ofen schieben.
7. Die Kartoffeln sollten gekocht sein und der Feta-Käse sollte schmelzen.
8. Heiß mit einem Römersalat und gehackten roten Zwiebeln servieren.

Notizen:

Safranreis

PORTIONEN: 2-4

VORBEREITUNGSZEIT: 5 MIN

KOCHZEIT: 10 MIN

Zutaten:

- ½ TL Safran
- 150 g Basmati Reis
- 750 ml Wasser
- 20 g Butter
- 1 Zimtstange
- Eine Prise Salz

Zubereitung:

1. Weichen Sie einen halben Teelöffel Safran in ein wenig heißem Wasser ein.
2. Waschen Sie den Basmati-Reis ab und geben Sie ihn in einen großen Topf mit 750 ml kochendem Salzwasser.
3. Fügen Sie den Safranaufguss, Zimtstange und Butter hinzu.
4. Bei niedriger Hitze kochen, bis der Reis das gesamte Wasser aufgesogen hat.
5. Servieren.

Notizen:

Frittata

PORTIONEN: 1-2

VORBEREITUNGSZEIT: 15 MIN

KOCHZEIT: 30 MIN

Zutaten:

- 3 Esslöffel Butter
- 4 Wurstscheiben oder Speck, in Scheiben geschnitten
- Ca. 110 g Cremini-Pilze, in Scheiben geschnitten
- 1/2 rote, grüne oder gelbe Paprika, mittelgroß gewürfelt
- Ca. 20 g Spinat, klein geschnitten
- Salz und Pfeffer zum Abschmecken
- 8 Eier
- Ca. 40 ml Kaffeesahne
- Ca. 160 g Fontina, Cheddar, Schweizer oder Gouda-Käse, gerieben

Zubereitung:

1. Den Ofen auf ca. 190°C vorheizen.
2. Vier Cocottes auf ein Blech legen und die Innenseiten mit Pfannenspray oder Butter einfetten.
3. Eine Sauteuse bei mittlerer Hitze erhitzen und die Butter hinzufügen.
4. Braten Sie die Wurst oder den Speck, die Champignons und die Paprika unter gelegentlichem Rühren an, bis sie an den Rändern leicht zu karamellisieren beginnen.
5. Den Spinat hinzugeben und weiter kochen, bis er verwelkt ist. Nach Belieben mit Salz und Pfeffer würzen.
6. Während das Gemüse kocht, in einer mittelgroßen Schüssel die Eier mit der Hälfte und der Hälfte verquirlen.
7. Nach Belieben mit Salz und Pfeffer würzen. Die Hälfte des Käses unterrühren (einen Teil für den Belag aufheben).
8. Portionieren Sie etwas von dem Haschee in jede der Cocottes und verwenden Sie es vollständig.
9. Die Eimischung in die Cocottes gießen, so dass oben ein Rand von mindestens einem halben Zentimeter bleibt, und einmal umrühren, um alles zu vermengen.
10. Mit dem restlichen Käse bestreuen und 25 Minuten lang backen. Sie sind fertig, wenn sie souffilieren und oben leicht gebräunt sind. Die Eier sollten leicht fest und nicht flüssig sein.

Gebackener Reis

PORTIONEN: 2-4

VORBEREITUNGSZEIT: 15 MIN

KOCHZEIT: 30 MIN

Zutaten:

- 1 rote Paprika
- 20 mittelgroße Garnelen
- 2 Hähnchenbrüste
- 200 g Langkornreis
- 4 EL Olivenöl
- 1 EL Kurkumapulver
- 180 g Erbsen
- Salz und Pfeffer

Zubereitung:

1. Heizen Sie den Ofen auf 200°C vor.
2. Waschen, entkernen und würfeln Sie die Paprika. Entfernen Sie den Kopf der Garnele. Schneiden Sie die Hähnchenbrüste in kleine Stücke.
3. Verteilen Sie den Reis auf vier Mini-Cocottes und bedecken Sie ihn mit einem Teil des warmen Wassers.
4. Geben Sie das Olivenöl, Kurkuma, Erbsen, Garnelen, Hähnchen- und Paprikastücke in die vier Kasserollen. Salzen und pfeffern.
5. Die Aufläufe zugedeckt für 30 Minuten in den Ofen stellen.
6. Wenn das Wasser vollständig verdampft und der Reis gar ist, nehmen Sie ihn aus dem Ofen.
7. Mischen Sie alle Zutaten mit einem Löffel und genießen Sie diesen duftenden Reis nicht zu heiß, zum Beispiel zu einem pochierten Fisch.

Notizen:

Gemüse-Tian

PORTIONEN: 2-4

VORBEREITUNGSZEIT: 45 MIN

KOCHZEIT: 40 MIN

Zutaten:

- 2 große Tomaten
- 1 Zucchini
- 1 Aubergine
- 1 Kartoffel
- 1 große Zwiebel
- 4 Knoblauchzehen
- 4 Zweige Thymian
- 4 Lorbeerblätter
- 4 Esslöffel Olivenöl
- Salz und Pfeffer

Zubereitung:

1. Heizen Sie den Ofen auf 200°C vor.
2. Waschen Sie die Tomaten, Zucchini und Auberginen sorgfältig.
3. Schälen Sie die Kartoffel, die Zwiebel und den Knoblauch.
4. Schneiden Sie Gemüse und Kräuter in gleichmäßige und sehr dünne Scheiben.
5. Ordnen Sie das Gemüse und die Kräuter in vier Mini-Cocottes an, wobei Sie so viele Gemüsescheiben wie möglich in Richtung der Höhe hineingeben.
6. Geben Sie den Thymian und das Lorbeerblatt zwischen die Gemüsescheiben.
7. Mit Olivenöl beträufeln, salzen und pfeffern.
8. Die Aufläufe zugedeckt für ca. 40 Minuten in den Ofen schieben.
9. Servieren Sie diesen Gemüse-Tian als Beilage zu gegrilltem Fleisch oder Fisch.

Notizen:

Nudelauflauf

PORTIONEN: 2-4 VORBEREITUNGSZEIT: 15 MIN KOCHZEIT: 25 MIN

Zutaten:

- 250 g dick geschnittener weißer Schinken
- 400 g gekochte und abgekühlte kurze Nudeln (Mini-Penne, Coquillettes, Mini-Farfalle)
- 300 g geriebener Käse
- 4 große Esslöffel frische Sahne
- geriebene Muskatnuss
- Salz und frisch gemahlener Pfeffer

Zubereitung:

1. Heizen Sie Ihren Backofen auf 200°C vor.
2. Schneiden Sie den weißen Schinken in Streifen.
3. Mischen Sie die abgekühlten Nudeln, den geriebenen Käse und die Sahne in einer großen Salatschüssel.
4. Die Schinkenstücke hinzufügen, salzen, pfeffern und mit geriebener Muskatnuss bestreuen.
5. Verteilen Sie die Mischung auf 4 Auflaufformen und drücken Sie sie leicht an.
6. Decken Sie die Aufläufe ab und stellen Sie sie für 15 Minuten in den Ofen.
7. Entfernen Sie die Deckel, schalten Sie den Ofen auf die Grillfunktion und kochen Sie die Nudeln ca. 10 Minuten lang.
8. Servieren und genießen Sie die Gratins heiß.

Notizen:

Gefüllte Kohlblätter

PORTIONEN: 2-4

VORBEREITUNGSZEIT: 25 MIN

KOCHZEIT: 1 STD

Zutaten:

- 12 Merguez (Hackfleisch-Bratwurst)
- 8 entsteinte Pflaumen
- 1 Teelöffel Kreuzkümmelpulver
- 1 Ei
- 4 sehr große Kohlblätter
- 4 Esslöffel Sonnenblumenöl
- 2 Bund frischer Koriander
- Salz und frisch gemahlener Pfeffer

Zubereitung:

1. Den Backofen auf 200°C vorheizen.
2. Entfernen Sie die Haut der Merguez und reservieren Sie das Fruchtfleisch.
3. Hacken Sie die Pflaumen und mischen Sie sie mit dem Fleisch der Merguez in einer Salatschüssel.
4. Kreuzkümmel, Ei, Salz und Pfeffer hinzufügen und die Füllung kräftig durchmischen.
5. Waschen Sie die Kohlblätter und schneiden Sie die Rippen ab, damit nur die zarte Seite der Blätter erhalten bleibt.
6. Gießen Sie 1 Esslöffel Öl in den Boden von 4 gusseisernen Kasserollen (Cocotten) und legen Sie ein großes Kohlblatt darauf.
7. Garnieren Sie mit der Merguez-Mischung und schließen Sie die Kohlblätter.
8. Mit Salz und Pfeffer würzen.
9. Die Ofentemperatur auf 180°C senken, abdecken und die Aufläufe 1 Stunde in den Ofen stellen.
10. Wenn die Füllung gar ist und die Kohlblätter leicht angebrannt sind, schalten Sie den Ofen aus und lassen Sie die Aufläufe 15 Minuten im Ofen ruhen.
11. Genießen Sie diese gefüllten Kohlblätter mit einem grünen Salat.

Notizen:

Zucchinikuchen

PORTIONEN: 2-4

VORBEREITUNGSZEIT: 35 MIN

KOCHZEIT: 25 MIN

Zutaten:

- 1,5 kg Zucchini
- 3 Eier
- 150 g geriebener Käse
- 2 EL Sahne (mit hohem Fettgehalt)
- 6 Zweige frischer Thymian
- Muskatnusspulver
- Salz und gemahlener Pfeffer

Zubereitung:

1. Heizen Sie Ihren Backofen auf 180°C vor.
2. Entfernen Sie die Stiele und waschen Sie dann die Zucchini sorgfältig. Reiben Sie sie danach mit einer Küchenreibe.
3. Geben Sie die geriebenen Zucchini zusammen in eine Salatschüssel, fügen Sie die ganzen Eier, den geriebenen Käse und die frische Sahne hinzu.
4. Vorsichtig mischen, Salz, Pfeffer und Muskatnuss hinzufügen.
5. Diese Zubereitung auf 4 Auflaufformen aufteilen und gut andrücken.
6. Zögern Sie nicht, die Kasserollen bis zum Rand zu füllen.
7. Stellen Sie die Auflaufformen 25 Minuten lang in den Ofen, ohne sie abzudecken.
8. Wenn der Zucchinikuchen anfängt, braun zu werden, sollte er fast fertig sein.
9. Servieren und genießen.

Notizen:

Gebackene Eier mit Käse

PORTIONEN: 2-4 VORBEREITUNGSZEIT: 15 MIN KOCHZEIT: 20 MIN

Zutaten:

- Ca. 55 g Butter
- 1 Schalotte, gehackt
- 2 Knoblauchzehen, gehackt
- Ca. 30 g Allzweckmehl
- 720 ml kalte Milch
- Ca. 110 g Weichkäse, gerieben (Cheddar, Ziegenkäse, Fontina, Mozzarella)
- Salz und weißer Pfeffer zum Abschmecken

Zubereitung:

1. Den Ofen auf ca. 190°C vorheizen.
2. Erhitzen Sie einen Topf bei mittlerer Hitze und geben Sie die Butter hinzu.
3. Schalotten und Knoblauch anschwitzen, bis sie weich und aromatisch sind, etwa 1 Minute.
4. Das Mehl hinzufügen und unter häufigem Rühren 1 bis 2 Minuten kochen.
5. Die kalte Milch unter Rühren hinzugeben, um Klumpen zu vermeiden. Die Soße zum Kochen bringen. Auf ein Köcheln reduzieren und kochen, bis die Soße dickflüssig ist, etwa 5 Minuten, dabei gelegentlich umrühren, damit der Boden der Pfanne nicht anbrennt.
6. Den geriebenen Käse nach und nach hinzugeben, bis er geschmolzen ist, dabei darauf achten, dass die Sauce nicht zu heiß wird. Sie können auch etwas Käse zum Überbacken zurückbehalten.
7. Die dicke, cremige Käsesoße etwa bis zur Hälfte in die Cocottes füllen. Ein Ei auf jede Cocotte schlagen und etwa 8-10 Minuten backen, je nachdem, wie gut das Eigelb durchgebraten ist.
8. Mit etwas geröstetem Brot servieren.

Notizen:

Clafoutis mit Champignons

PORTIONEN: 2-4 | VORBEREITUNGSZEIT: 20 MIN | KOCHZEIT: 45 MIN

Zutaten:

- 20 große Champignons
- 5 EL Olivenöl
- 100 g weiche Butter
- 4 Eier
- 400 ml Sahne
- 140 g Parmesankäse (geraspelt)
- 2 EL getrockneter Thymian
- Salz und Pfeffer

Zubereitung:

1. Den Backofen auf 180°C vorheizen.
2. Waschen und schneiden Sie die Champignons in Scheiben.
3. Erhitzen Sie das Olivenöl in einer großen Bratpfanne.
4. Braten Sie die Pilze in dem dampfenden Öl an und braten Sie sie ca. 20 Minuten bei starker Hitze.
5. Mit Salz und Pfeffer würzen.
6. Die gebratenen Champignons abtropfen lassen.
7. Buttern Sie die Böden von vier Mini-Cocottes.
8. Verteilen Sie die Champignons darauf.
9. Verquirlen Sie die Eier mit der flüssigen Sahne, fügen Sie dann den Parmesan und den Thymian hinzu.
10. Mit Salz und Pfeffer würzen. Diese Creme über die Pilze gießen und vermischen.
11. Die Aufläufe zugedeckt für 25 Minuten in den Ofen stellen.
12. Das Clafoutis muss weich bleiben. Genießen Sie sie heiß mit einem grünen Salat.

Notizen:

Eierauflauf mit Tomate und Parmesankäse

PORTIONEN: 2-4 | VORBEREITUNGSZEIT: 15 MIN | KOCHZEIT: 15 MIN

Zutaten:

- 2 Scheiben Parmaschinken
- 4 kleine Oliventomaten
- 4 EL Olivenöl
- 4 EL Balsamico-Essig
- 4 große Eier
- 50 g frischer Parmesankäse
- Salz und Pfeffer

Zubereitung:

1. Heizen Sie den Ofen auf 200°C vor.
2. Schneiden Sie die Schinkenscheiben und die Tomaten-Oliven in kleine Stücke.
3. Teilen Sie die Schinkenstücke in vier Mini-Cocottes.
4. Fügen Sie das Olivenöl, den Balsamico-Essig und die Tomatenstücke hinzu.
5. Schlagen Sie 1 Ei in jede Kasserolle. Reiben Sie den Parmesankäse darüber.
6. Salzen und pfeffern.
7. Die Auflaufformen 15 Minuten in den Ofen schieben, ohne sie abzudecken.
8. Genießen Sie sie heiß mit Landbrot, das leicht mit Knoblauch eingerieben und in etwas Olivenöl gebraten wurde.

Notizen:

Einfaches Kokotten-Brot

PORTIONEN: 2-6 VORBEREITUNGSZEIT: 15 MIN KOCHZEIT: 30 MIN

Zutaten:

Für den Teig:

- 1 Esslöffel aktive Trockenhefe
- 300 ml lauwarmes Wasser (ca. 43-46°)
- 2 Esslöffel natives Olivenöl extra
- Ca. 180 g Brotmehl (Typ 1150)
- Ca. 165 g Allzweckmehl (Typ 550)
- 1 Teelöffel feines Meersalz

Zubereitung:

1. Die Hefe in der Schüssel eines Standmixers über das Wasser streuen und vorsichtig umrühren, bis sie sich aufgelöst hat. Etwa 5 Minuten gehen lassen, bis der Teig cremig und aromatisch ist, damit die Hefe lebendig wird.
2. Öl, je die Hälfte des Mehls und Salz hinzufügen. Auf mittlerer Stufe mit dem Knethaken verrühren, bis der Teig eingearbeitet ist, dabei bei Bedarf die Seiten abkratzen.
3. Das restliche Mehl hinzugeben und auf niedriger Stufe kneten, bis der Teig glatt und elastisch ist, etwa 5 Minuten. Der Teig wird sehr klebrig sein.
4. Den Teig in eine geölte Schüssel geben und die Schüssel mit Plastikfolie abdecken.
5. Lassen Sie den Teig bei Raumtemperatur gehen, bis er sich verdoppelt hat, etwa eine Stunde. Der Teig kann auch über Nacht im Kühlschrank gehen.
6. Den Backofen auf ca. 205°C Grad vorheizen.
7. 6 Kastenformen (Cocotten) mit Olivenöl einfetten. Den Teig mit den eingeölten Händen vorsichtig nach unten drücken, auf die Arbeitsfläche ausbreiten und in 6 Portionen teilen.
8. Die Teigportionen vorsichtig zu Kugeln formen und in die Cocottes legen.
9. 10-15 Minuten bei Raumtemperatur gehen lassen.
10. Die Oberseiten mit Olivenöl bepinseln und mit Meersalz bestreuen.
11. Backen, bis sie leicht goldbraun sind, etwa 25-30 Minuten.

Jakobsmuscheln und Kräuter

PORTIONEN: 2-4 | VORBEREITUNGSZEIT: 25 MIN | KOCHZEIT: 10 MIN

Zutaten:

- 12 große Jakobsmuscheln
- 4 Zweige Thai-Basilikum mit Blättern (oder herkömmliches Basilikum)
- 4 Zweige Koriander
- 4 Zweige frischer Thymian
- 100 g frischer Ingwer
- 8 EL Olivenöl
- 3 EL Sojasauce
- Meersalz und Pfeffer

Zubereitung:

1. Heizen Sie den Ofen auf 200°C vor.
2. Reinigen Sie die Jakobsmuscheln unter fließendem Wasser. Lassen Sie sie abtropfen und trocknen Sie sie.
3. Waschen Sie die Kräuter. Schälen und reiben Sie die Hälfte des Ingwers. Schneiden Sie die andere Hälfte in dünne Scheiben.
4. Verteilen Sie 4 Esslöffel Öl auf dem Boden von vier Mini-Cocotte.
5. Legen Sie jeweils 3 Jakobsmuscheln hinein.
6. Mit Salz und Pfeffer würzen.
7. Richten Sie den geriebenen Ingwer, die Kräuter und die Ingwerscheiben darauf an.
8. Decken Sie die Auflaufformen ab und stellen Sie sie für 10 Minuten in den Ofen. Bereiten Sie die Vinaigrette zu, indem Sie das restliche Olivenöl und die Sojasauce in einer Schüssel verquirlen.
9. Nehmen Sie die Auflaufformen aus dem Ofen, ohne die Deckel zu entfernen.
10. Kurz vor dem Servieren öffnen, dann die Vinaigrette in die Aufläufe geben und als warme Vorspeise mit einem Glas Weißwein genießen.

Muscheln in Olivenöl

PORTIONEN: 2-4

VORBEREITUNGSZEIT: 10 MIN

KOCHZEIT: 10 MIN

Zutaten:

- 1/4 Bund frische Minze
- Ca. 60 bis 70 Herzmuscheln
- 4 Esslöffel Olivenöl
- Salz und frisch gemahlener Pfeffer

Zubereitung:

1. Heizen Sie Ihren Backofen auf 180°C vor.
2. Die Minzblätter entfernen, waschen und grob schneiden.
3. Verteilen Sie die Herzmuscheln auf 4 Auflaufformen (15 bis 20 Muscheln pro Auflaufform).
4. Fügen Sie frische Minze und Olivenöl hinzu.
5. Fügen Sie wie üblich ein wenig Salz und Pfeffer hinzu.
6. Die Kasserollen zugedeckt 8 Minuten in den heißen Ofen schieben, dann herausnehmen und ca. 5 Minuten ruhen lassen, ohne den Deckel zu öffnen.
7. Servieren.

Notizen:

Shrimp Curry

PORTIONEN: 2-4 | VORBEREITUNGSZEIT: 10 MIN | KOCHZEIT: 20 MIN

Zutaten:

- 1 kg geschälte und aufgetaute Garnelenschwänze
- 3 Tomaten, entkernt und gewürfelt
- 2 Zwiebeln, gehackt
- 3 Knoblauchzehen
- 500 ml Kokosmilch
- 4 Papadam (Frittierter Fladen)
- 1 kleine rote Chilischote, entkernt und in kleine Würfel geschnitten
- 1 kleine rote Paprika, entkernt und in kleine Würfel geschnitten
- Kreuzkümmelpulver
- 1 Esslöffel Ingwerpulver
- 1 Teelöffel Kurkumapulver
- 3 Esslöffel Sonnenblumenöl
- Salz und Pfeffer

Zubereitung:

1. Frittieren Sie die Papadams nacheinander in einer kleinen Pfanne mit 5 cm heißem Öl. Legen Sie sie auf ein Küchentuch.
2. Geben Sie 1 Esslöffel Öl in eine Kasserolle und braten Sie Chili, Kreuzkümmel und Koriander 2 bis 3 Minuten lang an.
3. Geben Sie diese Gewürze in einen Mixer, fügen Sie die Zwiebeln, den Knoblauch, den Ingwer und die Kurkuma hinzu. Pürieren Sie zu einer dicken Paste; fügen Sie bei Bedarf ein wenig Wasser hinzu.
4. Geben Sie 2 Esslöffel Öl in die Pfanne und braten Sie die Garnelen schnell an.
5. Fügen Sie die Currypaste, die Tomaten und die Kokosnussmilch hinzu.
6. 5 bis 7 Minuten köcheln lassen. Mit Salz und Pfeffer würzen.
7. Servieren Sie das Curry und die Papadams mit Safranreis oder einfachem Basmati-Reis.

Lachs-Auflauf Eier

PORTIONEN: 2-4

VORBEREITUNGSZEIT: 15 MIN

KOCHZEIT: 25 MIN

Zutaten:

- 50 g Butter
- 200 g frischer Lachs
- 2 Scheiben Räucherlachs
- 4 große Eier
- 4 EL Sahne (mit hohem Fettanteil)
- 4 TL Lachseier
- Salz und gemahlener Pfeffer

Zubereitung:

1. Heizen Sie Ihren Backofen auf 180°C vor.
2. Schmelzen Sie die Butter.
3. Schneiden Sie den frischen Lachs in 4 gleiche Stücke, halbieren Sie die Scheiben des Räucherlachses.
4. Auflaufformen mit geschmolzener Butter bestreichen.
5. Verteilen Sie die 2 Lachssorten auf die Böden der Kasserollen (Cocotte).
6. Je 1 Ei aufschlagen, 1 Esslöffel frische Sahne und 1 Esslöffel Lachseier dazugeben.
7. Mit Salz und Pfeffer würzen und für 25 Minuten in den Ofen geben, ohne sie abzudecken.
8. Schmecken Sie die Eier direkt in den Kasserollen mit einem kleinen Löffel ab und servieren Sie sie mit gebutterten Brotstäbchen.

Notizen:

Rotbarbe mit Bohnen

PORTIONEN: 2-4

VORBEREITUNGSZEIT: 25 MIN

KOCHZEIT: 20 MIN

Zutaten:

- 3 Knoblauchzehen
- 8 kleine Rotbarbenfilets
- 250 g Saubohnen
- 4 Esslöffel Olivenöl
- 1 Teelöffel getrockneter Thymian
- 80 g getrocknete Tomaten
- Salz und Pfeffer

Zubereitung:

1. Heizen Sie den Ofen auf 180°C vor.
2. Schälen und hacken Sie den Knoblauch.
3. Schneiden Sie die Rotbarbenfilets in gleichmäßige Stücke.
4. In einem Topf mit kochendem Wasser die Bohnen 1 Min. kochen, abkühlen lassen, dann schälen.
5. Das Olivenöl in den Boden von vier Mini-Cocottes gießen.
6. Salzen und pfeffern, dann den Thymian und den gehackten Knoblauch hinzufügen.
7. Die Bohnen, die Rotbarbenstücke und die getrockneten Tomaten auf die Auflaufformen verteilen.

Notizen:

Kartoffelgratin mit Makrele

PORTIONEN: 2-4 VORBEREITUNGSZEIT: 25 MIN KOCHZEIT: 45 MIN

Zutaten:

- 4 Makrelenfilets, ohne Gräten
- 2 Knoblauchzehen
- 8 mittelgroße Kartoffeln
- 50 g weiche Butter
- 250 ml einfache Sahne
- 2 Esslöffel scharfer Senf
- 1 Teelöffel getrockneter Thymian
- 4 Zweige frischer Thymian
- Salz und Pfeffer

Zubereitung:

1. Heizen Sie den Ofen auf 180°C vor.
2. Schneiden Sie die Makrelenfilets in kleine Stücke.
3. Schälen und zerdrücken Sie die Knoblauchzehen.
4. Schälen Sie die Kartoffeln, waschen Sie sie und schneiden Sie sie in sehr dünne Scheiben.
5. Die Böden von vier Mini-Cocottes buttern und mit Knoblauch bestreuen, dann mit den Kartoffelscheiben füllen und ab und zu mit Makrelenstücken bestreuen.
6. Die Sahne, den Senf und den getrockneten Thymian verrühren und über die Kartoffeln gießen.
7. Mit Salz und Pfeffer würzen und pro Topf 1 Zweig frischen Thymian hinzufügen.
8. Die Töpfe abdecken und für 45 Minuten in den Ofen stellen.
9. Die Kartoffeln sollten schmelzen.
10. Heiß mit einem grünen Salat servieren.

Notizen:

Kabeljau mit Grünkohl

PORTIONEN: 2-4 | VORBEREITUNGSZEIT: 15 MIN | KOCHZEIT: 1 STD

Zutaten:

- 4 Kabeljau-Steaks (je ca. 150 g)
- 400 g Grünkohl
- 100 g Butter
- 8 Esslöffel Sojasauce
- Salz und Pfeffer

Für die kandierten Zesten:

- 4 Bio-Zitronen
- 20 Stück Würfelzucker

Zubereitung:

1. Heizen Sie den Ofen auf 180°C vor.
2. Schneiden Sie die Kabeljau-Steaks in Würfel.
3. Waschen Sie den Grünkohl und schneiden Sie ihn in feine Scheiben.
4. Bereiten Sie die kandierte Zitronenschale vor.
5. Entfernen Sie die Schale, indem Sie die weiße Haut entfernen, und schneiden Sie sie dann in feine Scheiben. Blanchieren Sie sie, indem Sie sie 30 Sekunden in einen Topf mit kochendem Wasser tauchen, dann abgießen und abspülen.
6. Die Zesten, den Zucker und 2 Gläser Wasser in einen Topf geben und bei sehr geringer Hitze 30 Minuten kandieren lassen.
7. Fügen Sie ein wenig Wasser hinzu, wenn die Mischung zu stark reduziert wird.
8. Tauchen Sie den Kohl 2 Minuten in einen Topf mit kochendem Salzwasser und lassen Sie ihn abtropfen.
9. Verteilen Sie die Kabeljau-Stücke, den Grünkohl, die Butter, die Zitronenschale und die Sojasauce auf vier Mini-Cocottes.
10. Abdecken und für 45 Minuten in den Ofen schieben. Heiß mit gedämpften Kartoffeln genießen.

Notizen:

Shrimps nach asiatischer Art

PORTIONEN: 2-4 | VORBEREITUNGSZEIT: 15 MIN | KOCHZEIT: 35 MIN

Zutaten:

- 1 Bund Koriander
- 1 Apfel
- 1 Zweig Zitronengras
- 30 g frischer Ingwer
- Knoblauchzehen (nach Belieben)
- 20 große geschälte Garnelen
- 4 EL Olivenöl
- 2 EL Curry oder Colombo-Pulver
- 200 ml Kokosmilch aus der Dose
- Salz und Pfeffer

Zubereitung:

1. Heizen Sie den Backofen auf 180°C vor.
2. Waschen und hacken Sie den Koriander grob.
3. Schälen, entkernen und schneiden Sie den Apfel in kleine Stücke.
4. Schneiden Sie das Zitronengras in dünne Scheiben und schneiden Sie den Stiel ab. Schälen und reiben Sie den frischen Ingwer. Schälen und zerdrücken Sie den Knoblauch.
5. Verteilen Sie den Apfel, die Garnelen, das Zitronengras und den Knoblauch auf 4 Mini-Cocottes.
6. Erhitzen Sie das Öl in einer Bratpfanne. Das Curry darin anbraten und einige Minuten unter Rühren mit einem Holzspatel bräunen.
7. Die Kokosmilch hinzufügen und weitere 2 Minuten köcheln lassen.
8. Die Mischung auf die Auflaufformen verteilen und mit Salz und Pfeffer würzen.
9. Abgedeckt 35 Minuten in den Ofen schieben.
10. Zuletzt öffnen Sie die Kasserollen, fügen den Koriander hinzu, mischen und servieren heiß mit weißem Reis.

Notizen:

Muscheln mit Thymian

PORTIONEN: 2-4 | VORBEREITUNGSZEIT: 15 MIN | KOCHZEIT: 15 MIN

Zutaten:

- 1,5 kg Schalentiere: Venus- und/oder Miesmuscheln und/oder Herzmuscheln
- 20 geschrotete Kartoffeln
- 1 gehackte Zwiebel
- 10 Zweige Thymian
- 5 Esslöffel Crème fraîche
- 20 g Butter
- Salz und Pfeffer

Zubereitung:

1. Kochen Sie die Kartoffeln in Salzwasser.
2. Reinigen Sie die Muscheln und spülen Sie sie gut mit klarem Wasser ab.
3. In einer großen Kasserolle (Cocotte) die Butter mit der Zwiebel schmelzen.
4. Die Muscheln und den Thymian hinzufügen, pfeffern und zudecken.
5. Rühren Sie die Muscheln in der Kasserolle um, damit sich die Schalen gut öffnen
6. 5. Die Kartoffeln dazugeben, die Sahne angießen, umrühren und weitere 5 bis 8 Minuten kochen.
7. Schmecken Sie die Sauce ab und fügen Sie ggf. etwas Salz hinzu.
8. In der Kasserolle servieren.

Notizen:

Seebrasse mit Paprika

PORTIONEN: 2-4 | VORBEREITUNGSZEIT: 20 MIN | KOCHZEIT: 45 MIN

Zutaten:

- 4 Doradenfilets (ohne Haut, je ca. 150 g)
- 4 Tomaten
- 2 Paprika
- 4 EL Olivenöl
- 4 Zweige frischen Thymian
- Salz und Pfeffer

Für den Streuselteig:

- 2 EL Mehl
- 2 EL Tapenade
- 100 g weiche Butter

Zubereitung:

1. Heizen Sie den Ofen auf 180°C vor.
2. Schneiden Sie die Seebrassenfilets und die Tomaten in kleine Stücke.
3. Waschen, entkernen und würfeln Sie die Paprikaschoten.
4. Bereiten Sie den Streuselteig vor. Mischen Sie das Mehl, die Tapenade und die Butter in einer Schüssel.
5. Kneten Sie mit Ihren Fingern, um alle Zutaten miteinander zu verbinden.
6. Verteilen Sie die Paprikastücke, die Tomate und die Dorade auf den Boden von vier Mini-Cocottes.
7. Mit Salz und Pfeffer würzen, das Olivenöl hineingießen und mit Streuselteig bedecken.
8. In jede Kasserolle 1 Thymianzweig geben.
9. Die Kasserollen zugedeckt für 45 Min. in den Ofen stellen.
10. Heiß mit Kartoffelpüree servieren.

Notizen:

DESSERTS

Apfelkuchen mit Wurst und Zimt

PORTIONEN: 2-4

VORBEREITUNGSZEIT: 40 MIN

KOCHZEIT: 25 MIN

Zutaten:

- 4 Äpfel
- 50 g Butter
- 1 Teelöffel Zimtpulver
- 8 kleine Würstchen (nach Wahl)
- 1 reiner Butterblätterteig, gebrauchsfertig
- 1 Eigelb
- Salz und frisch gemahlener Pfeffer

Zubereitung:

1. Heizen Sie Ihren Backofen auf 200°C vor.
2. Schälen Sie die Äpfel und schneiden Sie sie in kleine Viertel.
3. Den Boden von 4 Auflaufformen mit Butter bestreichen.
4. Verteilen Sie die Apfelstücke auf dem Boden der Auflaufformen.
5. Mit Zimt bestreuen und die Würstchen darauf anrichten.
6. Verwenden Sie einen Ausstecher, der einen etwas größeren Durchmesser als die Kasserolle hat, und stechen Sie 4 Kreise in den Blätterteig.
7. Bedecken Sie die Oberseite der Auflaufformen mit diesen Blätterteigkreisen.
8. Verquirlen Sie in einer Schüssel das Eigelb mit etwas Wasser und bestreichen Sie den Blätterteig mit einem Pinsel.
9. Die Auflaufformen in den Ofen schieben und 25 Minuten garen.

Notizen:

Früchtestreusel

PORTIONEN: 2-4

VORBEREITUNGSZEIT: 15 MIN

KOCHZEIT: 20 MIN

Zutaten:

- 120 g Mehl
- 100 g brauner Zucker
- 100 g weiche Butter
- 20 Aprikosen, oder 4 Äpfel, oder 400 g ganze Himbeeren
- 50 g Butter für die Kasserollen

Zubereitung:

1. Heizen Sie Ihren Backofen auf 180°C vor.
2. Bereiten Sie den Teig vor: Mischen Sie in einer Schüssel das Mehl, den braunen Zucker und die weiche Butter.
3. Bearbeiten Sie den Teig mit den Fingerspitzen, um eine körnige Masse zu erhalten.
4. Stellen Sie es dann für ca. 20 Minuten in den Kühlschrank.
5. Waschen, schälen und schneiden Sie das Obst, falls erforderlich.
6. Den Boden von 4 Auflaufformen ausbuttern, das Obst hineinlegen und mit einer dicken Schicht Teig bedecken.
7. Backen Sie 25 Minuten lang, ohne sie abzudecken.
8. Lassen Sie den feinen Früchtestreusel vor dem Verzehr abkühlen.

Notizen:

Milchreis mit Schokolade

PORTIONEN: 2-4 VORBEREITUNGSZEIT: 15 MIN KOCHZEIT: 45 MIN

Zutaten:

- 1 Liter frische Vollmilch
- 2 EL Schlagsahne
- 130 g Rundreis
- 100 g Streuzucker, braun oder weiß
- 40 g dunkle Schokoladenstücke
- 1 Zimtstange
- 1 Vanilleschote

Zubereitung:

1. Den Reis mit klarem Wasser abwaschen. Kochen Sie ihn 1 Minute lang in kochendem Wasser und lassen Sie ihn dann abtropfen.
2. Die Milch in die Kasserolle gießen, den Zucker, die Zimtstange und die halbierte und ausgekratzte Vanilleschote hinzufügen.
3. Den Reis hineingeben und bei sehr geringer Hitze unter regelmäßigem Rühren etwa 40 Minuten kochen.
4. Schmecken Sie ab und kochen Sie den Reis je nach gewünschter Konsistenz und Weichheit länger. Entfernen Sie die Vanilleschote und die Zimtstange.
5. Lassen Sie den Milchreis in der Kasserolle abkühlen oder füllen Sie ihn in Mini-Cocottes, um ihn individuell zu kochen.
6. Schmelzen Sie die Schokolade in der Mikrowelle oder in einem Topf mit der Schlagsahne kurz vor dem Servieren des Milchreises.
7. Bei Bedarf geben Sie 1 Löffel Schokoladensoße auf ihren Milchreis und servieren ihn.

Notizen:

Süße Leckerei

PORTIONEN: 2-4

VORBEREITUNGSZEIT: 10 MIN

KOCHZEIT: 30 MIN

Zutaten:

- 80 g Butter
- 200 ml Milch
- 1 Plättchen Lakritz
- 100 g Mehl
- 60 g Streuzucker + 1 Esslöffel
- 1 Päckchen Vanillezucker
- 4 Eier
- 700 g Heidelbeeren (frisch oder tiefgefroren)

Zubereitung:

1. Heizen Sie den Ofen auf 210°C vor.
2. Schmelzen Sie 50 g Butter in einem Kochtopf.
3. Erhitzen Sie die Milch in einem anderen Topf und lassen Sie das Lakritz darin schmelzen. Abkühlen lassen.
4. Mischen Sie in einer Schüssel das Mehl, den Puderzucker und den Vanillezucker.
5. Rühren Sie die ganzen Eier nacheinander unter leichtem Rühren ein und gießen Sie dann vorsichtig die abgekühlte Lakritzmilch ein, ohne mit dem Rühren aufzuhören.
6. Fügen Sie die geschmolzene Butter hinzu.
7. Bestreichen Sie den Boden von vier Mini-Cocottes mit der restlichen Butter und streuen Sie die Blaubeeren darüber.
8. Senken Sie die Backofentemperatur auf 180°C und stellen Sie die Auflaufformen 30 Minuten lang ohne Abdeckung in den Ofen.
9. Nehmen Sie sie aus dem Ofen und lassen Sie sie abkühlen.
10. Mit Zucker bestreuen und servieren.

Notizen:

Schokoladen-Pot de Crème

PORTIONEN: 2-4 VORBEREITUNGSZEIT: 15 MIN KOCHZEIT: 30 MIN

Zutaten:

- Ca. 290 ml Kaffeesahne
- 1/2 Vanilleschote
- Ca. 170 g halbsüße oder zartbittere Schokolade
- 6 Eigelb
- Ca. 50 g Kristallzucker
- 1/8 Teelöffel Salz
- Ca. 120 g Schlagsahne
- 1 Teelöffel Puderzucker
- Schokoladenraspel (nach Belieben)

Zubereitung:

1. Heizen Sie den Ofen auf ca. 176°C vor und verwenden Sie die konventionelle Einstellung Ihres Ofens, nicht die Umluft.
2. Die Kaffeesahne in einen kleinen Topf geben, das Mark der Vanilleschote auskratzen und sowohl das Mark als auch die Schote zur Kaffeesahne geben. Erhitzen, bis es dampft. Vom Herd nehmen und die Vanilleschote auskratzen.
3. Die Schokolade in den Topf geben und mit dem Schneebesen verrühren, bis sie vollständig geschmolzen und glatt ist.
4. In der Zwischenzeit Eigelb, Zucker und Salz in einer mittelgroßen Schüssel verquirlen.
5. Die warme Halb- und Halbmischung langsam in die Eier einrühren.
6. Die Cocottes in eine Auflaufform stellen und mit der Puddingmasse füllen, bis sie zu 3/4 gefüllt sind. Die Auflaufform bis zur Hälfte mit heißem Wasser auffüllen.
7. Mit Folie abdecken und 25 bis 30 Minuten backen, bis sie wackelig, aber fest sind.
8. Aus dem Wasserbad nehmen und im Kühlschrank mindestens 2 Stunden oder bis zum Erkalten abkühlen lassen (kann über Nacht gekühlt werden und hält sich im Kühlschrank bis zu 4 Tage).
9. Während die Puddings abkühlen, die Schlagsahne zubereiten. In einer großen Schüssel die Schlagsahne und den Puderzucker vermischen. Schlagen Sie die Sahne mit einem Schneebesen oder einem elektrischen Mixer, bis Sie weiche Spitzen erhalten.
10. Zum Servieren des Pot de Crème einen Klecks Schlagsahne auf den Pudding geben und mit Schokoladenraspeln bestreuen.

Chili Schoki

PORTIONEN: 2-4

VORBEREITUNGSZEIT: 10 MIN

KOCHZEIT: 25 MIN

Zutaten:

- 5 Eier
- 200 g + 1 Stück Butter
- 200 g Zartbitterschokolade
- 200 g Puderzucker
- 15 g Mehl
- Einige Prisen Chili-Pfeffer

Zubereitung:

1. Schmelzen Sie die in Stücke geschnittene Schokolade bei geringer Hitze mit der Butter.
2. Schalten Sie die Hitze aus, fügen Sie den Zucker, dann die Eier nacheinander, das Mehl und zwei Prisen Chili Pfeffer hinzu.
3. 6 Mini-Cocottes leicht buttern und mit der erhaltenen Mischung füllen.
4. Stellen Sie sie für 30 Minuten bis 1 Stunde in den Kühlschrank.
5. Heizen Sie den Ofen auf 180°C vor.
6. Backen Sie die Kasserollen ohne Deckel 10 bis 15 Minuten, bis sich eine Kruste auf der Oberseite der Kuchen bildet.
7. Servieren Sie ihn frisch aus dem Ofen mit einer Kugel Vanilleeis oder Pudding.

Notizen:

Birnen-Apfel Schmankerl

PORTIONEN: 2-4

VORBEREITUNGSZEIT: 40 MIN

KOCHZEIT: 35 MIN

Zutaten:

- 3 Äpfel
- 3 Birnen
- 320 g Roquefort-Käse
- 50 g weiche Butter
- 4 Teelöffel Walnussöl
- Salz und gemahlener Pfeffer
- 100 g weiche Butter

Zubereitung:

1. Heizen Sie Ihren Backofen auf 200°C vor.
2. Schälen und schneiden Sie die Äpfel in kleine Stücke.
3. Waschen Sie die Birnen und schneiden Sie sie in große, gleichmäßige Scheiben.
4. Schneiden Sie den Roquefort-Käse in große Stücke.
5. Den Boden von 4 Auflaufformen ausbuttern.
6. Verteilen Sie die Äpfel auf dem Boden der Auflaufformen und die Roquefort- und Birnenstücke obenauf.
7. Mit Pfeffer und Salz würzen und leicht mit Walnussöl beträufeln.
8. Stellen Sie die Cocottes für 35 Minuten in den Ofen.
9. Dann nehmen Sie die Aufläufe heraus und lassen sie etwas abkühlen, bevor Sie sie mit Toast und Endiviensalat servieren.

Notizen:

Kaffee-Schokoladen-Dessert

PORTIONEN: 4-6 VORBEREITUNGSZEIT: 30 MIN KOCHZEIT: 45 MIN

Zutaten:

- 200 g Zartbitterschokolade
- 1 starker Espresso
- 4 Eier
- 1 Prise feines Salz
- 200 g weiche gesalzene Butter
- 2 Esslöffel löslicher Kaffee
- 150 g Streuzucker
- 80 g Mehl

Zubereitung:

1. Heizen Sie den Ofen auf 200°C vor.
2. Brechen Sie die Schokolade in kleine Stücke und schmelzen Sie sie im Wasserbad mit dem Espresso. Trennen Sie das Eiweiß von den Dottern (mischen Sie die Dotter nicht zusammen).
3. Das Eiweiß mit der Prise Feinsalz aufschlagen.
4. 150 g Butter, den löslichen Kaffee und den Zucker in einer Schüssel verrühren.
5. Die geschmolzene Schokolade und dann die Eigelbe nacheinander unter Rühren hinzufügen.
6. Dann fügen Sie 50 g Mehl und schließlich den Eischnee hinzu, wobei Sie weiterhin vorsichtig rühren.
7. Die restliche Butter und das Mehl auf dem Boden von vier Mini-Cocottes verteilen.
8. Den Teig in die Auflaufformen füllen.
9. Die Ofentemperatur auf 180°C reduzieren, die Auflaufformen zugedeckt 15 Min. in den Ofen stellen.
10. Jetzt sollte alles gegart sein, aber in der Mitte weich bleiben.
11. Servieren.

Notizen:

Apfel Pflaumen Eintopf

PORTIONEN: 2-4 VORBEREITUNGSZEIT: 30 MIN KOCHZEIT: 40 MIN

Zutaten:

- 4 große Äpfel
- 50 g Butter
- 12 entsteinte Pflaumen
- 4 Esslöffel Rosinen
- 2 Esslöffel brauner Zucker
- 4 Esslöffel Armagnac
- 4 Zimtstangen

Zubereitung:

1. Heizen Sie den Ofen auf 180°C vor.
2. Die Äpfel schälen und in nicht zu dicke Viertel schneiden.
3. Bestreichen Sie den Boden von vier Mini-Cocottes mit Butter.
4. Verteilen Sie die Apfelviertel jeweils auf dem Boden.
5. Machen Sie dasselbe mit den Pflaumen, Rosinen, braunem Zucker, Armagnac und Zimt.
6. Die Aufläufe zugedeckt für 40 Min. in den Ofen stellen.
7. Wenn die Äpfel gar sind, das Innere der Kasserollen gut umrühren, um sie mit den Pflaumen und Rosinen zu vermischen und heiß mit einer Kugel Vanilleeis servieren.

Notizen:

Ingwer-Crème-Brûlée

PORTIONEN: 2-4 | VORBEREITUNGSZEIT: 20 MIN | KOCHZEIT: 40 MIN

Zutaten:

- Ca. 480 g Sahne (hoher Fettanteil)
- Ein ca. 2,5 cm Stück Ingwer, in Scheiben geschnitten
- 1 Teelöffel Vanilleschotenmark
- 4 Eigelb
- Ca. 50 g Kristallzucker
- Kristallzucker nach Bedarf zum Karamellisieren
- 4 Esslöffel Armagnac

Zubereitung:

1. Heizen Sie den Ofen auf ca. 162°C (Umluft) vor.
2. 4 Cocottes in eine Bratpfanne mit hohen Seiten setzen.
3. Sahne, Ingwer und Vanillemark in einem schweren Topf bei mittlerer Hitze erwärmen, bis sich ein Film bildet und an den Rändern kleine Bläschen aufsteigen. Den Herd ausschalten und 10 Minuten ziehen lassen.
4. Während die Sahne erhitzt wird, die Eigelbe und den Zucker in einer großen Rührschüssel gründlich verquirlen. Die warme Sahne langsam und unter ständigem Rühren einfließen lassen. Die Mischung durch einen feinen Sieb in eine andere Schüssel oder einen großen Messbecher mit Ausgießer abseihen.
5. Den Pudding in einzelne Förmchen gießen, dabei einen Rand von etwa ca. 1,5 cm frei lassen.
6. So viel heißes Wasser in den Bräter geben, dass das Wasser bis zur Hälfte des Randes der Förmchen reicht. Backen, bis der Pudding fest ist, aber noch leicht zitternd, 25 bis 30 Minuten.
7. Die Förmchen aus dem Bräter nehmen und mindestens 2 Stunden lang im Kühlschrank abkühlen lassen.
8. Bestreuen Sie die Oberseite jedes Puddings mit 1 bis 2 Teelöffeln Zucker.
9. Erhitzen Sie den Zucker mit einer Lötlampe oder unter dem Grill, bis er sich verflüssigt und karamellisiert.
10. Lassen Sie den Zucker vor dem Servieren aushärten.

Schokoladen-Fondue

PORTIONEN: 2-4 | VORBEREITUNGSZEIT: 10 MIN | KOCHZEIT: 10 MIN

Zutaten:

- 150 g (Schokolade nach Wahl)
- 4 Esslöffel Schlagsahne
- 4 Madeleines
- 1 Traube Trauben
- 1 Clementine

Zubereitung:

1. Die Trauben schälen.
2. Schälen Sie die Clementine und trennen Sie diese in Viertel.
3. Verteilen Sie die die Schokolade und die Sahne auf 2 Mini-Cocottes.
4. Bei sehr geringer Hitze schmelzen. Wenn das Ergebnis zu dick erscheint, fügen Sie ein wenig Schlagsahne hinzu, um eine feine Schokoladencreme zu erhalten.
5. Mit den Madeleines und den in Schokolade getauchten Früchten servieren.

Notizen:

Orangengratin

PORTIONEN: 2-4 | VORBEREITUNGSZEIT: 30 MIN | KOCHZEIT: 25 MIN

Zutaten:

- 4 große Orangen
- 4 dicke Briochescheiben
- 100 g Butter
- 100 g Mehl
- 60 g Streuzucker
- 1 Päckchen Vanillezucker
- 4 Eier
- 200 ml Milch
- 2 EL Orangenblütenwasser
- 2 Vanilleschoten

Zubereitung:

1. Heizen Sie den Ofen auf 180°C vor.
2. Schälen Sie die Orangen roh. Entfernen Sie die Viertel nacheinander mit einem scharfen Messer, wobei Sie alle weißen Häutchen entfernen.
3. Schneiden Sie die Briochescheiben in kleine Stücke.
4. Schmelzen Sie die Butter in einem Kochtopf oder in der Mikrowelle.
5. Mischen Sie in einer Schüssel das Mehl, den Puderzucker und den Vanillezucker.
6. Rühren Sie die ganzen Eier nacheinander unter leichtem Rühren ein, dann gießen Sie die Milch vorsichtig ein, wobei Sie immer noch rühren.
7. Geben Sie zum Schluss die geschmolzene Butter und das Orangenblütenwasser hinzu.
8. Garnieren Sie vier Mini-Cocottes mit Orangenvierteln und Brioche-Stücken.
9. Eine halbe, halbierte Vanilleschote dazugeben und mit dem Teig bedecken.
10. Die Auflaufformen ohne Abdeckung 25 Minuten in den Ofen schieben.
11. Vor dem Servieren abkühlen lassen.

Notizen:

Schokoladen-Birnen Schmaus

PORTIONEN: 2-4 | VORBEREITUNGSZEIT: 15 MIN | KOCHZEIT: 30 MIN

Zutaten:

- 3 Birnen
- 100 g + 1 Stück Butter
- 100 g Mehl
- 100 g Streuzucker
- 50 g dunkle Schokolade

Zubereitung:

1. In einer Schüssel die Butter, das Mehl und den Zucker mit den Fingerspitzen zu einem Teig verarbeiten
2. Den Boden und die Seiten von 4 Mini-Cocottes mit Butter bestreichen.
3. Schälen Sie die Birnen, würfeln Sie sie und verteilen Sie sie in den Kasserollen.
4. Zerkleinern Sie die Schokolade in kleine Stücke und mischen Sie sie mit den Birnen.
5. Mit Streuselteig bedecken.
6. Heizen Sie den Ofen auf 180°C vor.
7. Etwa 30 Minuten backen.
8. Die Oberseite der Streusel sollte knusprig und golden sein.
9. 10 Minuten abkühlen lassen und genießen.

Notizen:

Brombeer-Mini Cobbler

PORTIONEN: 4-6 VORBEREITUNGSZEIT: 15 MIN KOCHZEIT: 30 MIN

Zutaten:

- Ca. 570 g frische Brombeeren
- 1 Esslöffel frischer Zitronensaft
- 1 großes Ei
- Ca. 200 g Kristallzucker
- Ca. 125 g Allzweckmehl
- 6 Esslöffel gesalzene Butter, geschmolzen
- Vanilleeis zum Servieren
- Frischer Minzzweig zum Garnieren
- Zusätzliche Brombeeren zum Garnieren

Zubereitung:

1. Den Ofen auf ca. 190°C vorheizen und 6 kleine Auflaufformen (Cocotten) oder Förmchen einfetten.
2. Die Brombeeren auf die Förmchen verteilen und gleichmäßig mit Zitronensaft beträufeln.
3. In einer mittelgroßen Schüssel Ei, Zucker und Mehl verrühren, bis es wie Mehl aussieht. Über die Brombeeren streuen.
4. Die geschmolzene Butter über den Belag träufeln und 20-30 Minuten backen, bis er leicht gebräunt ist. Wenn Sie die Förmchen auf ein Backblech stellen, können Sie sie leichter in den Ofen schieben und wieder herausnehmen.
5. Vor dem Servieren 10 Minuten ruhen lassen, dann mit Eis servieren und nach Belieben mit frischer Minze und Brombeeren garnieren.

Notizen:

Beeren-Leckerei

PORTIONEN: 2-4 | VORBEREITUNGSZEIT: 15 MIN | KOCHZEIT: 25 MIN

Zutaten:

- Ca. 420 g gemischte Beeren, frisch oder gefroren
- Ca. 110 g hellbrauner Zucker, aufgeteilt
- 1/2 Teelöffel Salz geteilt
- 1 Teelöffel Vanilleextrakt
- Ca. 155 g Allzweckmehl + 1 Esslöffel
- Ca. 20 g Haferflocken
- Ca. 50 g Kristallzucker
- 1/4 Teelöffel gemahlener Zimt
- 6 Esslöffel ungesalzene Butter, geschmolzen und auf Raumtemperatur abgekühlt
- 3 Kugeln Vanilleeis (wahlweise)
- 3 Blätter frische Minze (nach Belieben)

Zubereitung:

1. In einer großen Schüssel Beeren, ca. 55 g hellbraunen Zucker, 1/4 Teelöffel Salz und Vanilleextrakt vermischen. Beiseite stellen und 15 Minuten lang ruhen lassen.
2. In einer separaten Schüssel ca. 155 g Mehl, ca. 20 g Haferflocken, ca. 50 g Kristallzucker, den restlichen hellbraunen Zucker (ca. 55 g), 1/4 Teelöffel Zimt und 1/4 Teelöffel Salz vermischen
3. Die geschmolzene Butter hinzugeben und vermengen, bis sich krümelige Stücke bilden.
4. Den Backofen auf ca. 175°C vorheizen.
5. Die Beerenmischung gleichmäßig auf 3 Mini-Cocottes oder Auflaufformen aus Keramik verteilen
6. Jede Cocotte mit der Mischung füllen, bis sie bis oben hin gefüllt ist.
7. Auf ein Backblech setzen und im Ofen 20-25 Minuten backen oder bis der Saft zu sprudeln beginnt
8. Herausnehmen und vor dem Servieren etwas abkühlen lassen
9. Mit Eiscreme und Minze garnieren (optional)

Notizen:

Limoncello-Creme Brûlée

PORTIONEN: 2-4

VORBEREITUNGSZEIT: 15 MIN

KOCHZEIT: 45 MIN

Zutaten:

- 1 großes Ei, Eigelb und Eiweiß
- 4 große Eigelb
- Ca. 110 g Zucker, plus 2 Teelöffel für jede Auflaufform
- 3 Becher Sahne (mit hohem Fettanteil)
- 1 Teelöffel reines Vanilleextrakt
- 1 Esslöffel Limoncello
- 3 Blätter frische Minze (nach Belieben)

Zubereitung:

1. Heizen Sie den Ofen auf ca. 150°C vor.
2. In der Schüssel eines elektrischen Rührgeräts mit Paddelaufsatz das Ei, die Eigelbe und Zucker auf niedriger Stufe verrühren, bis alles gut vermischt ist.
3. In der Zwischenzeit die Sahne in einem kleinen Topf verbrühen, bis sie sich sehr heiß anfühlt, aber nicht kocht.
4. Mit dem Mixer bei niedriger Geschwindigkeit die Sahne langsam zu den Eiern geben. Vanille und Limoncello hinzugeben und in Förmchen füllen, bis sie fast voll sind.
5. Die Förmchen in eine Backform stellen und vorsichtig kochendes Wasser in die Form gießen, so dass es bis zur Hälfte des Randes der Förmchen reicht.
6. 35 bis 40 Minuten backen, bis die Puddings bei leichtem Schütteln fest sind.
7. Die Puddings aus dem Wasserbad nehmen, auf Zimmertemperatur abkühlen lassen und in den Kühlschrank stellen, bis sie fest sind, ein bis zwei Stunden oder über Nacht.
8. Zum Servieren 2 Teelöffel Zucker gleichmäßig auf der Oberseite jeder Auflaufform verteilen und mit einer Lötlampe erhitzen, bis der Zucker gleichmäßig karamellisiert. Eine Minute lang bei Raumtemperatur stehen lassen, bis der karamellisierte Zucker hart geworden ist.

Notizen:

Apfel- und Trauben Clafoutis

PORTIONEN: 2-4 VORBEREITUNGSZEIT: 15 MIN KOCHZEIT: 25 MIN

Zutaten:

- 3 Äpfel
- 2 Esslöffel Sultaninen
- 2 Eier
- 100 g gezuckerte Kondensmilch
- 1 Päckchen Vanillezucker
- 1 Esslöffel Mehl
- 1 Esslöffel Branntwein

Zubereitung:

1. Den Backofen auf 180°C vorheizen.
2. Schälen Sie die Äpfel und schneiden Sie sie in kleine Stücke. Diese mit den Sultaninen auf die 4 kleinen Auflaufformen verteilen.
3. In einer Schüssel die Eier mit dem Vanillezucker verquirlen, dann die gezuckerte Kondensmilch, das Mehl und den Wein hinzufügen.
4. Mischen, bis eine glatte Masse entsteht.
5. Die Mischung auf die 4 Auflaufformen aufteilen.
6. Die Kasserollen mit dem Deckel in ein Wasserbad im Ofen stellen.
7. 30 Minuten köcheln lassen.
8. Vor dem Verzehr mindestens 20 Minuten abkühlen lassen.

Notizen:

Erdbeertorte

PORTIONEN: 2-4 VORBEREITUNGSZEIT: 15 MIN KOCHZEIT: 25 MIN

Zutaten:

- 3 Esslöffel flüssiges Eiweiß
- 3 Esslöffel Kristallzucker
- 3 Esslöffel Traubenkernöl
- 1 Teelöffel Vanilleextrakt
- Ca. 60 g Allzweckmehl
- 1/2 Teelöffel Backpulver
- eine Prise Salz
- 1/8 Teelöffel gemahlener Zimt (optional)
- 1 Esslöffel Vollmilch
- 2 große Erdbeeren, fein gewürfelt

Für die Glasur:

- 3 Esslöffel Puderzucker
- Spritzer Sahne (oder pürierte Erdbeeren, je nach Geschmack)

Zubereitung:

1. Den Ofen auf ca. 175°C vorheizen und zwei ca. 175 ml Förmchen mit Kochspray einsprühen.
2. In einer kleinen Schüssel das Eiweiß, den Zucker, das Öl und den Vanilleextrakt miteinander verquirlen. Sehr gut verquirlen, bis alles gut vermischt ist.
3. Mehl, Backpulver, Salz und Zimt gleichmäßig über den Teig streuen und verrühren.
4. Die Milch und die Erdbeeren unterrühren.
5. Die Masse auf die beiden Auflaufformen verteilen und 24-26 Minuten backen, bis die Oberfläche goldbraun ist.
6. Mit einem Zahnstocher prüfen, ob die Kuchen fertig sind.
7. In der Zwischenzeit die Zutaten für die Glasur in einer kleinen Schüssel verquirlen, bis sie flüssig ist.
8. Über die Kuchen träufeln und servieren.

Notizen:

Vanille-Oatmeal

PORTIONEN: 1-2

VORBEREITUNGSZEIT: 5 MIN

KOCHZEIT: 5 MIN

Zutaten:

- Ca. 40 g Haferflocken (Glutenfrei b.B.)
- eine Prise Meersalz
- 300 ml milchfreie Milch nach Wahl, aufgeteilt
- 1/2 Teelöffel Vanilleextrakt
- 1 großes Ei
- 1 Messlöffel Vanilleproteinpulver (optional, aber sehr empfehlenswert)
- 1 Esslöffel Kokosnussmehl, gesiebt
- 1 Esslöffel granulierter Süßstoff nach Wahl, optional
- Streusel zum Bestreuen, optional

Zubereitung:

1. Haferflocken, Salz und 240 ml Milch in einem Topf oder einer mikrowellensicheren Schüssel vermengen, bis der größte Teil der Flüssigkeit aufgesogen ist.
2. Das Vollei (oder das Leinsamen-Ei) mit dem Schneebesen einrühren und weitere 1 bis 2 Minuten kochen, bis die Haferflocken sehr fluffig sind.
3. Vanilleproteinpulver, Süßstoff nach Wahl, Vanilleextrakt und Kokosmehl einrühren, bis die Haferflockenmischung vollständig vermengt ist - sie sollte sehr dick sein.
4. Fügen Sie die zusätzliche 60 ml Milch hinzu und stellen Sie sicher, dass alles gut vermischt ist. Sobald dies geschehen ist, kühl stellen.
5. Am nächsten Morgen die Haferflocken gut umrühren und mit Nussbutter/Streuseln usw. bestreuen.
6. Falls gewünscht, wieder aufwärmen.

Notizen:

BONUS: SAUCEN & DIPS

Süß-Saurer Dip

PORTIONEN: 2-4

VORBEREITUNGSZEIT: 15 MIN

KOCHZEIT: 10 MIN

Zutaten:

Für Krupuk:

- 240 ml Erdnussöl
- 1 Packung Krupuk (Krabbenchips)

Für süß-sauren Dip:

- 1 Esslöffel Tamarinde
- 1/4 Teelöffel Garnelenpaste, (Terasi)
- 160 ml heißes Wasser
- 3 reife Äpfel, geschält; entkernt, gewürfelt
- 1 Mango, geschält; entkernt, gewürfelt
- 1 süße Orange, geschält; Mark entfernt; gehackt
- 1/2 frische Ananas, geschält; entkernt und gewürfelt
- 1 kleine Gurke, geschält
- 4 Frühlingszwiebeln, geschält
- 1 Teelöffel Sambal Oelek
- 3 Esslöffel süße Sojasauce
- Ca. 110 g Palmzucker

Zubereitung:

Für Krupuk (Krabbenchips):

1. Erhitzen Sie das Öl in einem Wok oder Kochtopf. Sobald das Öl sprudelt, in kleinen Ladungen arbeiten und die Garnelencracker schnell braten. Entfernen Sie die Cracker mit einem geschlitzten Löffel aus dem Öl und lassen Sie sie auf Papiertüchern gründlich abtropfen. Servieren.
2. In einer kleinen Schüssel Tamarinde, Garnelenpaste und heißes Wasser verrühren; einweichen lassen. In einer großen Schüssel Äpfel, Mango, Orange und Ananas verrühren. Die Gurke der Länge nach halbieren, die Kerne entfernen und in Würfel schneiden; in die Schüssel mit den Früchten geben.
3. Die gesäuberten Frühlingszwiebeln in Ringe schneiden und in die Schüssel mit den Früchten geben. Die Tamarindenmischung rühren, bis sie dick und braun wird.
4. Durch einen feinmaschigen Sieb abseihen und mit dem Sambal-Elak, Sojabohnensaft und Palmzucker vermischen.
5. Über die Früchte gießen und unter Rühren einarbeiten.
6. Mit Krupuk (Krabbenchips) als Dip servieren.

Tipp: Krupuk (Krabbenchips), Tamarinde, Garnelenpaste, Sambal Oelek finden Sie auf Ihrem lokalen asiatischen Markt.

Blauschimmelkäse Dip

PORTIONEN: 2-4 VORBEREITUNGSZEIT: 15 MIN KOCHZEIT: -

Zutaten:

- 225 g Frischkäse, weichgemacht
- Ca. 80 g Sauerrahm
- 110 g Blauschimmelkäse, zerbröselt
- 1 Knoblauchzehe, geschält und gehackt
- 2 Frühlingszwiebeln, gewaschen und getrocknet
- 2 Teelöffel frischer Zitronensaft
- Salz, nach Belieben
- Weißer Pfeffer, nach Belieben

Zubereitung:

1. Frischkäse, Sauerrahm, Blauschimmelkäse und Knoblauch in einer kleinen Schüssel cremig schlagen.
2. Die Frühlingszwiebeln in Ringe schneiden.
3. Die Hälfte der Frühlingszwiebeln unter die Käsemischung heben.
4. Mit Zitronensaft, Salz und Pfeffer würzen.
5. In eine Servierschüssel geben und mit den restlichen Frühlingszwiebeln garnieren.
6. Mit Crackern oder in Scheiben geschnittenem frischem Gemüse servieren.

Notizen:

Gorgonzola Dip

PORTIONEN: 2-4 VORBEREITUNGSZEIT: 10 MIN KOCHZEIT: -

Zutaten:

- 110 g Gorgonzola-Käse, in Würfel geschnitten
- Ca. 55 g Sahne
- Ca. 80 g Crème fraîche
- Ca. 550 g einfacher Joghurt
- 1 Teelöffel frischer Zitronensaft
- Salz, nach Geschmack
- Frisch gemahlener schwarzer Pfeffer, nach Geschmack
- 1 Granny Smith-Apfel, gewaschen; entkernt und in dünne Scheiben geschnitten
- Ca. 60 g Walnüsse ohne Schale, grob gehackt

Zubereitung:

1. Gorgonzola, Sahne, Crème fraîche und Joghurt im Mixer pürieren, bis eine cremige Masse entsteht.
2. In eine Schüssel geben und mit Zitronensaft, Salz und Pfeffer abschmecken.
3. Apfelscheiben und gehackte Walnüsse hinzufügen.
4. Servieren nach Belieben.

Notizen:

Tomatensalsa

PORTIONEN: 2-4 | VORBEREITUNGSZEIT: 20 MIN | KOCHZEIT: 10 MIN

Zutaten:

- 1 Knoblauchzehe
- 1 Schalotte
- Ca. 300 g Kirschtomaten
- 1 Stangensellerie, plus Extra zum Garnieren
- 2 Esslöffel Olivenöl
- 2 Esslöffel Weißweinessig
- 160 ml Gemüsebrühe
- Salz, nach Belieben
- Frisch gemahlener Pfeffer, nach Belieben
- Zucker, nach Belieben

Zubereitung:

1. Knoblauch und Schalotte schälen und fein hacken; beiseite stellen.
2. Die Tomaten in einem Topf mit kochendem Wasser blanchieren; in eiskaltes Wasser tauchen, um den Kochvorgang zu stoppen.
3. Die Tomaten schälen und grob hacken. Sellerie waschen, putzen und fein hacken.
4. In einer Pfanne das Öl bei mittlerer Hitze erhitzen.
5. Knoblauch und Schalotten anbraten, bis sie durchsichtig sind.
6. Tomaten und Stangensellerie zugeben. Essig und Gemüsebrühe verrühren und in die Pfanne geben. Bei mittlerer Hitze 4 bis 5 Minuten köcheln lassen.
7. Mit Salz, Pfeffer und Zucker abschmecken, Salsa im Kühlschrank kaltstellen.
8. Servieren.

Notizen:

Cocktailsauce

PORTIONEN: 2-4 | VORBEREITUNGSZEIT: 20 MIN | KOCHZEIT: -

Zutaten:

- 2 Eigelb
- 1 Prise Salz
- 1 Teelöffel Senf
- 1 Esslöffel frischer Zitronensaft
- 240 ml Olivenöl
- 1 1/3 Esslöffel Cognac
- Ca. 55 g Ketchup
- Cayennepfeffer, nach Belieben

Zubereitung:

1. Zuerst die verwendeten Zutaten auf Raumtemperatur bringen.
2. Schlagen Sie in einer Glas- oder Edelstahlschüssel Eigelb, Salz, Senf und Zitronensaft mit einem Schneebesen oder einem elektrischen Handrührgerät kräftig zusammen.
3. Das Öl langsam jeweils 1 Esslöffel Öl hinzufügen und zwischen den einzelnen Zugaben schlagen, bis die Mischung die Konsistenz von cremiger Mayonnaise hat.
4. Servieren.

Notizen:

Spanisches Aioli

PORTIONEN: 2-4 VORBEREITUNGSZEIT: 20 MIN KOCHZEIT: -

Zutaten:

- 5 Zehen Knoblauch, geschält und zerdrückt
- 3 Eigelb
- 1/2 - 1 Teelöffel scharfer Senf
- Salz, nach Geschmack
- Frisch gemahlener weißer Pfeffer, nach Geschmack
- 300 ml Olivenöl
- 4 Zweige Petersilie, gewaschen und getrocknet; fein gehackt
- 1/2 Esslöffel Limettensaft
- 1 Limette, in Spalten geschnitten

Zubereitung:

1. In einer mittelgroßen Glasschüssel den zerdrückten Knoblauch, das Eigelb, den Senf, das Salz und den Pfeffer verrühren und so lange schlagen, bis er leicht und cremig ist.
2. Das Öl sehr langsam unter ständigem Schlagen zugeben, bis es gut vermischt ist.
3. Die Würze überprüfen und gehackte Petersilie und Limettensaft unter die Aioli heben.
4. In Servierschüsseln füllen und servieren.

Notizen:

Barbecue Sauce

PORTIONEN: 2-4

VORBEREITUNGSZEIT: 15 MIN

KOCHZEIT: 10 MIN

Zutaten:

- 1 Esslöffel Pflanzenöl
- 2 Knoblauchzehen, geschält und fein gehackt
- 2 rote Chilischoten, gewaschen und fein gehackt
- 1 Dose Tomatenpüree
- 3 Esslöffel Ketchup
- 60 ml Gemüsebrühe
- Salz, nach Geschmack
- Frisch gemahlener schwarzer Pfeffer, nach Geschmack
- 1 Teelöffel süßer Paprika
- 1/2 Teelöffel trockenes Senfpulver
- Worcestershire-Sauce, nach Geschmack
- Tabasco-Sauce, nach Geschmack

Zubereitung:

1. Das Öl in einem Topf bei mittlerer Hitze erhitzen.
2. Knoblauch und Chilischoten anbraten, bis sie weich und zart sind.
3. Tomatenpüree, Ketchup und Gemüsebrühe hinzufügen.
4. Mit Salz, Pfeffer, Paprika und trockenem Senf würzen. Zum Kochen bringen; Hitze reduzieren und 10 bis 12 Minuten köcheln lassen.
5. Worcestershire- und Tabascosauce nach Geschmack einrühren; abkühlen lassen.
6. Servieren nach Belieben.

Notizen:

Süß-Saure Chilisauce

PORTIONEN: 2-4 | VORBEREITUNGSZEIT: 15 MIN | KOCHZEIT: 40 MIN

Zutaten:

- 4 rote Chilischoten, gewaschen und fein gehackt
- 2 Knoblauchzehen, geschält und fein gehackt
- 3 1/3 Esslöffel milder Weißwein
- 2 1/3 Esslöffel Honig
- 160 ml Wasser, bei Bedarf mehr
- Frischer Zitronensaft, zum Abschmecken
- 1/2 Bund Koriander, gewaschen und getrocknet

Zubereitung:

1. In einem kleinen Topf bei mittlerer Hitze die gehackten Chilischoten, Knoblauch, Wein, Honig und Wasser zum Kochen bringen.
2. Die Hitze reduzieren und 30 bis 40 Minuten köcheln lassen, oder bis die Mischung dickflüssig und sirupartig ist (wenn die Mischung zu dickflüssig ist, einen Teelöffel Wasser nach dem anderen hinzufügen.)
3. Mit Zitronensaft würzen. Die Blätter vom Koriander abzupfen, einige Blätter für die Garnierung reservieren und den Rest fein hacken.
4. Die gehackten Blätter in die Chili-Mischung geben. In Schüsseln verteilen.
5. Mit Korianderblättern garnieren.
6. Servieren.

Notizen:

Thai Chili Dip

PORTIONEN: 2-4

VORBEREITUNGSZEIT: 10 MIN

KOCHZEIT: -

Zutaten:

- 1 Knoblauchzehe
- 2 thailändische rote Chilischoten
- 2 Esslöffel frischer Limettensaft
- 60 ml Öl
- 1 Teelöffel Fischsauce
- 1 Prise Zucker

Zubereitung:

1. Knoblauch schälen und fein hacken.
2. Die Paprikaschoten waschen, längs halbieren, entkernen und fein hacken.
3. In einer kleinen Schüssel Knoblauch, gehackte Paprika, Limettensaft und Öl unter Rühren miteinander vermischen.
4. Die Fischsauce einrühren und mit einer Prise Zucker abschmecken.
5. Nach Belieben servieren.

Notizen:

Mayonnaise

PORTIONEN: 2-4 VORBEREITUNGSZEIT: 10 MIN KOCHZEIT: -

Zutaten:

- 1 Eigelb
- 1 Teelöffel Senf
- ⅛ Teelöffel Salz
- 1 Teelöffel Weißweinessig
- 240 ml Sonnenblumenöl

Zubereitung:

1. Das Eigelb in einer Schüssel mit dem Senf, dem Salz und dem Essig verrühren.
2. Das Sonnenblumenöl tropfenweise in die Schüssel geben und dabei mit dem Schneebesen weiterrühren.
3. Achten Sie darauf, dass das gesamte Öl eingearbeitet wird (nach etwa 120 ml Öl können Sie mit etwas mehr Flüssigkeit nachgießen).
4. Mit etwas Salz und Pfeffer abschmecken.

Notizen:

Curry-Sauce

PORTIONEN: 2-4 VORBEREITUNGSZEIT: 10 MIN KOCHZEIT: 20 MIN

Zutaten:

- 2 Zwiebeln
- 2 Esslöffel Pflanzenöl
- 400 ml gesiebte Tomaten Passata
- 50 g dunkelbrauner Zucker
- 80 ml weißer Essig
- ¾ Teelöffel Salz
- 2 Esslöffel Currypulver
- 1 Teelöffel gemahlener Ingwer
- ¼ Teelöffel Zimt
- ⅛ Teelöffel Sternanis
- ½ Teelöffel gemahlener schwarzer Pfeffer
- ½ Teelöffel gemahlener Cayennepfeffer

Zubereitung:

1. Die Zwiebeln fein hacken.
2. Die Zwiebeln bei schwacher Hitze im Öl glasig braten.
3. Die gesiebten Tomaten, den Zucker, den Essig und die Gewürze hinzufügen.
4. Zum Kochen bringen und 20 Minuten bei schwacher Hitze köcheln lassen.
5. Das Curry abseihen und weiter kochen, bis es die gewünschte Dicke hat.
6. Nach Belieben weitere Gewürze hinzufügen.

Notizen:

Knoblauchsoße

PORTIONEN: 2-4 VORBEREITUNGSZEIT: 10 MIN KOCHZEIT: -

Zutaten:

- 8 Knoblauchzehen
- 1 Teelöffel Zitronensaft
- 2 Teelöffel Zucker
- 500 ml saure Sahne
- 180 ml Mayonnaise
- 2 Esslöffel Schnittlauch, gehackt
- 2 Esslöffel gehackte Petersilie

Zubereitung:

1. Den Knoblauch sehr fein hacken (oder die Zehen auspressen) und mit dem Zitronensaft mischen.
2. Saure Sahne, Mayonnaise und Zucker unterrühren
3. Knoblauch, Schnittlauch und Petersilie dazugeben und gut verrühren.
4. Abschmecken und nach Belieben Zucker, Salz und Pfeffer hinzufügen.

Notizen:

Whisky-Cocktail-Sauce

PORTIONEN: 2-4 VORBEREITUNGSZEIT: 10 MIN KOCHZEIT: -

Zutaten:

- 1 Esslöffel Weinbrand, Whiskey oder Cognac
- 1 Teelöffel Worcestershire-Sauce
- ⅛ Teelöffel Paprika gemahlen

Zubereitung:

1. Curry, Mayonnaise, Sahne und Weinbrand mischen, bis eine glatte Sauce entsteht.
2. Worcestershire-Sauce und Paprikapulver untermischen.
3. Abschmecken und bei Bedarf etwas mehr Worcestershire-Sauce oder gemahlenen Paprika hinzufügen.

Notizen:

Hausgemachte BBQ-Soße

PORTIONEN: 2-4

VORBEREITUNGSZEIT: 10 MIN

KOCHZEIT: -

Zutaten:

- 1 Esslöffel Pflanzenöl
- 1 Schalotte, fein gehackt
- 2 Knoblauchzehen, fein gehackt
- 100 ml Currysauce (nach Wahl)
- 1 Teelöffel Fenchelsamen
- 50 g dunkelbrauner Zucker
- 75 ml dunkle Sojasauce Salz
- ½ Teelöffel Salz
- ⅛ Teelöffel gemahlener schwarzer Pfeffer

Zubereitung:

1. Das Öl in einem Topf auf dem Herd erhitzen.
2. Die Schalotte hinzufügen und bei schwacher Hitze etwa 3 Minuten lang glasig dünsten.
3. Den Knoblauch hinzufügen und 30 Sekunden lang unter Rühren braten.
4. Die Currysauce abgießen und mit Fenchelsamen, Zucker und Sojasauce vermischen.
5. Zum Kochen bringen und 5 Minuten köcheln lassen.
6. Abschmecken und mit Salz und Pfeffer würzen.
7. Auf Zimmertemperatur abkühlen lassen

Notizen:

Sauce Béarnaise

PORTIONEN: 2-4

VORBEREITUNGSZEIT: 10 MIN

KOCHZEIT: 10 MIN

Zutaten:

- 2 Esslöffel gehackter frischer Estragon
- 1 kleine Schalotte, fein gehackt
- 25 ml Weißweinessig
- 2 Eigelb
- 100 g geschmolzene, ungesalzene Butter
- Salz und Pfeffer

Optional:

- 1 Esslöffel Zitronensaft

Zubereitung:

1. Eine kleine Menge Wasser in einem Kochtopf zum Kochen bringen und den gehackten Estragon und die Schalotte hinzufügen. Dann etwa 25 ml Weißweinessig hinzugeben, mit Salz und Pfeffer würzen und auf kleiner Flamme kochen lassen, bis etwa 1 EL Béarnaise-Reduktion entstanden ist. Vom Herd nehmen.
2. In einem kleinen Topf die Butter langsam schmelzen, ohne sie zu verbrennen.
3. Gleichzeitig in einem Wasserbad (oder einer Glasschüssel mit warmem Wasser) die Eigelbe und einen Spritzer Wasser hinzufügen. Auf kleiner Flamme etwa 3-4 Minuten verquirlen, bis das Eigelb anfängt einzudicken und man in der Sauce Schneebesenabdrücke sehen kann.
4. Dann nach und nach die geschmolzene Butter unter Rühren zugeben, bis die Sauce die richtige Konsistenz hat. Möglicherweise benötigen Sie nicht die gesamte Butter. Dann vom Herd nehmen und die Béarnaise-Reduktion aus dem anderen Topf hinzufügen und verquirlen.
5. Schmecken Sie die Sauce ab und würzen Sie sie gegebenenfalls mit Salz und/oder Pfeffer und fügen Sie einen Spritzer Zitronensaft hinzu.

Notizen:

BONUS: FONDUE REZEPTE

Zitronenfondue mit Gemüse

PORTIONEN: 4-6 | VORBEREITUNGSZEIT: 20 MIN | KOCHZEIT: 30 MIN

Zutaten:

- 350 g grüner Spargel, gewaschen und geschnitten
- 350 g weißer Spargel, gewaschen und geschnitten
- 350 g Kirschtomaten, gewaschen
- 350 g Kohlrabi, geschält und in Scheiben geschnitten, sehr dünn
- 350 g Schnee- oder Zuckerschotenerbsen, gewaschen und geschnitten
- 3 Karotten, geschält und geschnitten
- 3 frische Zitronen
- Ca. 1,5 Liter Gemüsebrühe

Zubereitung:

1. In einem Topf mit gesalzenem, kochendem Wasser den Spargel ca. 5 bis 7 Minuten kochen, bis er zart und knusprig ist. Abtropfen lassen und beiseite stellen.
2. Die Zitronen unter heißem Wasser abspülen und in Scheiben schneiden.
3. Die in Scheiben geschnittenen Zitronen und die Gemüsebrühe in einen Topf geben und bei mittlerer bis hoher Hitze zum Kochen bringen.
4. Hitze reduzieren und 10 bis 15 Minuten köcheln lassen.
5. Wenn die Zitronen servierbereit sind, den heißen Zitronenfond in den Fonduetopf gießen und das Fondue erhitzen.
6. Legen Sie das Gemüse auf die Fonduegabeln und geben es in die kochende Brühe.
7. Servieren.

Lachs und Gemüse Fondue

PORTIONEN: 2-4

VORBEREITUNGSZEIT: 20 MIN

KOCHZEIT: 5 MIN

Zutaten:

- 450 g Lachsfilet
- 2 Esslöffel frischer Zitronensaft
- Erdnussöl, für Fonduetopf
- 225 g Erbsenschoten
- 2 mittelgroße rote Paprikaschoten, gewaschen; getrimmt und in Streifen geschnitten
- 225 g Champignons, gewaschen

Dip Sauce:

- 120 ml natriumarme Sojasauce
- Ca. 55 g Zucker
- 1/2 Teelöffel gemahlener Ingwer
- 2 Esslöffel frischer Zitronensaft

Zubereitung:

1. Den Lachs unter fließendem kalten Wasser abspülen und mit Papiertüchern trocken tupfen. In mundgerechte Portionen schneiden und mit Zitronensaft beträufeln. In den Kühlschrank stellen, bis er gebrauchsfertig ist.
2. Genug Erdnussöl in den Fonduetopf gießen, um ihn zu 1/2 bis 2/3 zu füllen. Zünden Sie den Fondue-Brenner an und regulieren Sie die Hitze.
3. Ordnen Sie das Gemüse auf einer Platte oder einem Servierteller an. Sobald das Öl heiß ist, kochen Sie den Lachs und das Gemüse mit Hilfe von Fonduegabeln etwa 1 Minute lang in heißem Öl.
4. Vor dem Verzehr abkühlen lassen.
5. Servieren Sie den Lachs mit einer Dip-Sauce: Kombinieren Sie alle Zutaten in einem Topf.
6. Schnell zum Kochen bringen und umrühren, bis sich der Zucker aufgelöst hat.
7. Servieren.

Notizen:

Fisch- und Garnelenfondue

PORTIONEN: 2-4 | VORBEREITUNGSZEIT: 20 MIN | KOCHZEIT: 25 MIN

Zutaten:

- 960 ml Hühnerbrühe
- 60 ml trockener Weißwein
- Worcestershire-Sauce, nach Geschmack (oder Sojasauce)
- 1 Knoblauchzehe, gehackt
- 1 Esslöffel frisch geriebene Ingwerwurzel
- Meersalz, nach Geschmack
- Frisch gemahlener schwarzer Pfeffer, nach Geschmack
- 225 g Garnelen
- 2 Esslöffel Zitronensaft
- 2 frische feste Tomaten, gewaschen und in Spalten geschnitten
- 1 Zitrone, in Scheiben geschnitten
- Frische Petersilie, zum Garnieren
- Frischer Dill, zum Garnieren

Zubereitung:

1. In einem großen Topf bei mittlerer Hitze Hühnerbrühe, Wein, Worcestershire-Sauce (Sojasauce), Knoblauch, Ingwer, Salz und Pfeffer miteinander verrühren. Zum Kochen bringen, Hitze reduzieren und 20 bis 25 Minuten köcheln lassen.
2. Garnelen und Fisch abspülen; mit Papiertüchern trocken tupfen. Den Fisch in mundgerechte Stücke schneiden.
3. Garnelen und Fisch auf eine Platte legen, mit Zitronensaft beträufeln und mit Salz und Pfeffer würzen. Bis zur Fondue-Zeit in den Kühlschrank stellen.
4. Die Brühe in den Fondue-Topf umfüllen. Zünden Sie den Fondue-Brenner an und regulieren Sie die Hitze. Bringen Sie die Brühe zum Kochen.
5. Garnelen-, Fisch- und Tomatenspalten auf eine Fonduegabel fädeln; in die sprudelnde Meeresfrüchtebrühe geben, bis sie gar sind.
6. Mit Zitronenscheiben servieren und mit Petersilie und Dill garnieren.

Notizen:

Ananas-Bananen-Fondue

PORTIONEN: 2-4 VORBEREITUNGSZEIT: 10 MIN KOCHZEIT: 15 MIN

Zutaten:

- 1 Ananas
- 4 Bananen
- 1 Limette
- 1/2 gelbe Zitrone
- Etwas brauner Zucker
- 4 El. Rum Kokosraspeln

Zubereitung:

1. Pressen Sie die Limette aus. Geben Sie den Zucker in ein Caquelon, löschen Sie ihn mit 200 ml Wasser ab und bringen Sie ihn langsam zum Kochen. Lassen Sie die Flüssigkeit etwas einkochen und gießen Sie dann den Rum und den Saft (der Limette) dazu.
2. Schälen Sie die Ananas: Entfernen Sie die Schale und die faserigen Teile, schneiden Sie die Ananas in Scheiben und dann jede Scheibe in Stücke. Pressen Sie die halbe Zitrone aus.
3. Schälen Sie die Bananen, schneiden Sie sie in Scheiben und zitronieren Sie sie, damit sie nicht schwarz werden.
4. Legen Sie das Obst auf eine Platte. Verteilen Sie die Kokosnuss auf vier Schälchen, die Sie vor den Gästen aufstellen.
5. Bringen Sie das Caquelon mit dem Sirup auf den Tisch. Tauchen Sie eine Bananenscheibe und ein Stück Ananas in den köchelnden Sirup.
6. Bestreuen Sie sie mit Kokosnussraspeln vor dem Verzehr.

Notizen:

Schokoladen-Haselnuss-Fondue

PORTIONEN: 2-4 | VORBEREITUNGSZEIT: 10 MIN | KOCHZEIT: 10 MIN

Zutaten:

- Dunkle Schokolade (Menge nach Wahl)
- 200 ml Schlagsahne
- 8 Esslöffel gehackte Haselnüsse
- 4 Löffelbiskuits
- 4 Scheiben Brioche (zum Servieren)
- 4 Madeleines (zum Servieren)

Zubereitung:

1. Gießen Sie die flüssige Sahne in einen Topf, erhitzen Sie sie, geben Sie dann die in Stücke geschnittene Schokolade hinzu und wenn sie geschmolzen ist, rühren Sie die Sahne unter. Rühren Sie gut um.
2. Schneiden Sie die Kekse (Biskuits) in Stücke und verteilen Sie sie auf Tellern. Geben Sie die gehackten Haselnüsse in ein Schälchen.
3. Tauchen Sie ein Keksstück in die Schokolade und bestreuen Sie es vor dem Verzehr mit einigen gehackten Haselnüssen.

Tipp:

Servieren Sie dieses Fondue im Winter als Snack oder zum Nachtisch mit einem frischen Obstsalat aus Kiwischeiben, Mandarinenspalten, Scheiben von Bananen und Apfelstücken.

Notizen:

Herbstliches Früchte-Fondue mit Mandeln

PORTIONEN: 2-4 | VORBEREITUNGSZEIT: 10 MIN | KOCHZEIT: 10 MIN

Zutaten:

- Dunkle Schokolade (Menge nach Wahl)
- 150 ml flüssige Sahne
- 2 Birnen
- 4 Feigen
- 1/2 Zitrone
- 1 Päckchen Vanillezucker Mandelblättchen

Zubereitung:

1. Pressen Sie die halbe Zitrone aus.
2. Waschen Sie die Feigen und schneiden Sie sie in Stücke, ohne sie zu schälen.
3. Schälen Sie die Birnen, schneiden Sie sie in Würfel und zitronieren Sie sie.
4. Verteilen Sie das Obst auf vier Schälchen.
5. Gießen Sie die Sahne in ein Caquelon, parfümieren Sie sie mit Vanillezucker und bringen Sie sie zum Kochen.
6. Geben Sie die in Stücke geschnittene Schokolade hinzu und lassen Sie sie schmelzen.
7. Rösten Sie die Mandelblättchen in einer beschichteten Pfanne trocken an und geben Sie sie in vier Schälchen.
8. Stellen Sie die Obstschälchen und die Mandelschälchen vor die Gäste und bringen Sie das Caquelon mit.
9. Stecken Sie die Fruchtstücke auf und tauchen Sie sie nacheinander in die Schokolade und die gerösteten Mandeln.

Notizen:

Schweizer Käsefondue

PORTIONEN: 2-4 | VORBEREITUNGSZEIT: 10 MIN | KOCHZEIT: 20 MIN

Zutaten:

- 450 g Gruyere-Käse
- 300 Gramm Emmentaler-Käse
- 240 ml trockener Weißwein
- 1 Gewürznelke Knoblauch
- 1 Teelöffel Speisestärke
- 1 Esslöffel Kirschwasser
- 1 Laib Sauerteig oder
  knuspriges französisches Brot Ihrer Wahl

Zubereitung:

1. Nehmen Sie zunächst die Knoblauchzehe und reiben Sie die Innenseite des Caquelons (Fondueform) mit der Schnittfläche ein, um das natürliche Knoblauchöl auf der Oberfläche zu verteilen.
2. Mischen Sie den Weißwein und die Maisstärke im Fonduetopf und rühren Sie gut um, damit sich die Stärke auflöst. Zünden Sie den Fonduebrenner an und erhitzen Sie den Wein vorsichtig.
3. Während der Wein sanft erhitzt wird, den Käse mit einer Reibe oder einem anderen Reibegerät raspeln und in den Wein geben.
4. Das Schweizer Käsefondue mit einem Spritzer Kirschwasser abschließen.

Notizen:

Bier-Käse-Fondue

PORTIONEN: 2-4 | VORBEREITUNGSZEIT: 10 MIN | KOCHZEIT: 10 MIN

Zutaten:

- Ca. 440 g geschredderter Käse (Gruyere, Emmentaler, Raclette, Cheddar oder ein anderer gut schmelzender Käse)
- Ca. 30 g Mehl (durch Maisstärke ersetzen)
- Ca. 240 ml Bier (nach Wahl)
- Ca. 80 g Schlagsahne (frisch, bei Raumtemperatur)
- geriebener Knoblauch oder Zwiebel (nach Geschmack, optional)
- frische oder getrocknete Kräuter (je nach Geschmack)

Zubereitung:

1. In einer Schüssel den geriebenen Käse mit dem Mehl vermischen, bis er gut überzogen ist. Beiseite stellen.
2. Das Bier in einen kalten kleinen Topf geben und bei mittlerer Hitze auf kleiner Flamme köcheln lassen. (Wenn Sie mit 1/2 Teelöffel geriebenem Knoblauch oder 1 Teelöffel geriebener Zwiebel und/oder Kräutern (1/2 bis 1 Teelöffel) würzen möchten, fügen Sie sie dem Bier hinzu).
3. Nachdem das Bier ein oder zwei Minuten geköchelt hat, die Sahne hinzufügen, umrühren und noch ein paar Minuten köcheln lassen.
4. Vom Herd nehmen und den Käse unter Rühren schubweise unterheben. Möglicherweise müssen Sie die Pfanne wieder auf den warmen Herd stellen (ausgeschaltet oder bei sehr niedriger Hitze), damit der Käse besser schmilzt. Überhitzen Sie die Masse nicht.
5. In einen erhitzten Fonduetopf umfüllen und servieren.

Notizen:

Ricotta-Zitronen-Fondue

PORTIONEN: 2-4 VORBEREITUNGSZEIT: 10 MIN KOCHZEIT: -

Zutaten:

- 1 Packung teilentrahmter Ricottakäse
- Schale von einer Zitrone
- 1/2 Teelöffel reiner Zitronenextrakt
- 1/2 Teelöffel reiner Vanilleextrakt
- 4 Päckchen Süßstoff
- Ca. 450 g oder mehr an frischen Erdbeeren

Zubereitung:

1. Geben Sie alle Zutaten außer den Erdbeeren in einen Mixer oder eine Küchenmaschine. So lange mixen, bis die Masse glatt ist.
2. In eine Servierschüssel füllen, abdecken und etwa eine Stunde in den Kühlschrank stellen (damit sich die Aromen vermischen können). Jetzt ist es Zeit, die Erdbeeren zu dippen.
3. Keine Erdbeeren? Gewürfelter Gugelhupf ist ein hervorragender Ersatz.

Notizen:

Feta-Käse-Bierfondue

PORTIONEN: 2-4

VORBEREITUNGSZEIT: 10 MIN

KOCHZEIT: 10 MIN

Zutaten:

- 240 ml Bier, echtes deutsches/tschechisches Pils
- 1 Knoblauchzehe, geschält und halbiert
- 3 Esslöffel ungesalzene Butter
- 1 Esslöffel Mehl
- Ca. 110 g Feta-Käse
- Ca. 120 g Ricotta
- 1/2 Esslöffel gehackter frischer Oregano (oder 1 Teelöffel getrockneter Oregano)

Zubereitung:

1. Reiben Sie zunächst den Boden und das Innere einer Kasserolle oder eines kleinen Topfes mit den Knoblauchzehenhälften ein.
2. Das Bier hinzufügen und bei mittlerer Hitze auf den Herd stellen.
3. Während Sie warten, bis das Bier zu köcheln beginnt, mischen Sie den Feta (vorher mit einer Gabel zerbröseln), den Ricotta, die Butter und das Mehl.
4. Sobald das Bier zu köcheln beginnt, lassen Sie es etwas einkochen - 2 bis 3 Minuten lang.
5. Nach und nach die Käse-Butter-Mehl-Mischung hinzufügen und langsam rühren, bis sie gut eingearbeitet ist.
6. Den Oregano hinzufügen und ein letztes Mal umrühren.
7. Vom Herd nehmen und in einen vorgewärmten Fonduetopf gießen.
8. Servieren.

Notizen:

Weißes Schokoladenfondue

PORTIONEN: 2-4 VORBEREITUNGSZEIT: 10 MIN KOCHZEIT: 10 MIN

Zutaten:

- 1 (ca. 140 g) Packung weiße Schokoladenstücke
- Ca. 120 g Schlagsahne, oder mehr nach Bedarf
- Ca. 80 g leichter Maissirup
- 2 Esslöffel Butter
- ¼ Teelöffel Salz
- 1 Teelöffel Vanilleextrakt

Zubereitung:

1. Weiße Schokoladenstückchen, Sahne, Maissirup, Butter und Salz in einem Wasserbad über kochendem Wasser unter häufigem Rühren schmelzen, bis die Masse glatt und glänzend ist, etwa 5 bis 10 Minuten.
2. Das Fondue vom Herd nehmen und den Vanilleextrakt einrühren.
3. Servieren.

Notizen:

Krabbenfondue mit zwei Dips

PORTIONEN: 2-4 | VORBEREITUNGSZEIT: 30 MIN | KOCHZEIT: 10 MIN

Zutaten:

Für die Garnelen:

- 800 Gramm Garnelen (roh mit Schwanz)
- 2 Zitronen (der Saft)
- 600 Gramm gehacktes Gemüse (nach Belieben, z.B. gekochte Kartoffeln und Karotten, Pilze)
- 1 ½ Liter Pflanzenöl

Für den Joghurt-Schnittlauch-Dip:

- 150 g Joghurt (0,1% Fett)
- 2 Esslöffel Schlagsahne
- 2 Esslöffel Zitronensaft
- Salz
- frisch gemahlene Paprika
- 1 Bund Schnittlauch

Für den Apfel-Tomaten-Dip:

- 1 Apfel
- Zitronensaft
- 1 Frühlingszwiebel
- 100 Gramm Ketchup
- Cayennepfeffer

Zubereitung:

Für die Garnelen:

1. Garnelen mit Zitronensaft beträufeln, abdecken und etwa 20 Minuten ziehen lassen.

Für den Joghurt-Schnittlauch-Dip:

1. Joghurt, Sahne, Zitronensaft, Salz und Pfeffer verrühren.
2. Schnittlauch abspülen, trocken schütteln und in Röllchen schneiden und gut verrühren, abschmecken.

Für den Apfel-Tomaten-Dip:

1. Apfel schälen, vierteln, entkernen und 2-3 dünne Spalten aus einem Viertel schneiden, mit Zitronensaft beträufeln und zum Garnieren beiseite stellen.
2. Restlichen Apfel fein reiben. Frühlingszwiebel abspülen, putzen und das Weiße und Hellgrüne fein hacken. Tomatenketchup mit Apfel und Frühlingszwiebel verrühren, mit Cayennepfeffer würzen und mit Apfelspalten garnieren.

Außerdem:

1. Öl in einem Fonduetopf auf dem Herd erhitzen, dann den Topf auf einen Brenner stellen.
2. Garnelen mit Fonduegabeln und Gemüse z. B. in kleinen Fondueschälchen bereitstellen.
3. Die Garnelen 1-2 Minuten lang kochen.
4. Servieren Sie die Dips als Beilage.

Käse- und Tomatenfondue

PORTIONEN: 2-4

VORBEREITUNGSZEIT: 20 MIN

KOCHZEIT: 35 MIN

Zutaten:

- 1,2 kg gemischtes Gemüse, (Blumenkohl; Schalotten; Karotten; Brokkoli und Paprika)
- Salz, nach Geschmack
- 1 Tomate
- 280 g Emmentaler-Käse, fein gerieben
- 280 g Greyerzer-Käse, fein gerieben
- 1 Knoblauchzehe, geschält
- 300 ml Weißwein, geteilt
- 3 Esslöffel Tomatenpüree
- Frisch gemahlener schwarzer Pfeffer
- 1/4 Teelöffel getrockneter Thymian
- 3 Teelöffel Maisstärke
- 1 Laib französisches Brot, gewürfelt

Zubereitung:

1. Das Gemüse waschen und gegebenenfalls putzen. Das Gemüse der Reihe nach in einem Topf mit kochendem Salzwasser blanchieren, Blumenkohl etwa 10 Minuten, Schalotten und Möhren etwa 8 Minuten und Brokkoli 5 Minuten.
2. Die Paprikaschoten können roh belassen werden. Erfrischen Sie das Gemüse in kaltem Wasser und lassen Sie es gut abtropfen.
3. Gießen Sie kochendes Wasser über die Tomate, häuten Sie sie und entfernen Sie die Kerne. Das Tomatenfleisch fein hacken. Die Knoblauchzehe halbieren und über das Innere eines Topfes reiben.
4. Den Wein bei mittlerer Hitze in den Topf gießen, das Tomatenpüree unter Rühren einrühren. Nach und nach den Käse unter ständigem Rühren mit einem Holzlöffel hinzufügen.
5. Mit Salz, Pfeffer und Thymian würzen und die gehackten Tomaten unterrühren.
6. Die Maisstärke mit dem restlichen Wein mischen und zur Käsemischung geben.
7. Die Mischung einmal aufkochen lassen.
8. In einen Fonduetopf geben und mit einem Fonduebrenner warm halten.
9. Das Gemüse und das Brot mit Fonduegabeln in die heiße Käse-Tomatensauce tauchen.

Notizen:

Bagna Cauda

PORTIONEN: 4-6 | VORBEREITUNGSZEIT: 20 MIN | KOCHZEIT: 10 MIN

Zutaten:

- 1 kleiner Blumenkohl
- 3 Gemüsepaprika, (1 rote, 1 gelbe, 1 orangefarbene); gewaschen, entkernt und in Streifen geschnitten
- 3 kleine Zucchini, längs oder in Ringe geschnitten
- 3 Karotten, geschält und in Streifen geschnitten
- 2 Fenchelzwiebeln, geviertelt
- 6 Stangen Sellerie, beschnitten und in Streifen geschnitten

Dip Sauce:

- 1 Dose Sardellen, in Öl
- 4 Knoblauchzehen
- 3 1/2 Esslöffel Butter
- 300 ml natives Olivenöl

Zubereitung:

1. Schneiden Sie den Blumenkohl.
2. Einen Topf mit Salzwasser zum Kochen bringen und den Blumenkohl ca. 3 Minuten oder bis er zart knusprig ist, köcheln lassen. Gut abtropfen lassen und in Röschen teilen.
3. Das gesamte Gemüse auf einer Servierplatte anrichten.
4. Die Sardellen abtropfen lassen, abspülen und trocken tupfen. Knoblauch schälen und fein hacken.
5. Die Butter bei mittlerer bis niedriger Hitze in einem schweren Topf oder einer Fondueschüssel schmelzen lassen, Knoblauch dazugeben und duftend anbraten.
6. Die Sardellen hinzufügen und mit einer Gabel zerdrücken. Nach und nach das Olivenöl unter ständigem Rühren hinzugeben.
7. Etwa fünf Minuten unter häufigem Rühren erhitzen, bis eine cremige Sauce entsteht. Weitere 5 Minuten köcheln lassen. Bei Tisch die Sauce in einem Fondue-Brenner warm halten.
8. Tauchen Sie das plattierte Gemüse mit Fonduegabeln oder mit den Fingern in die Sauce.
9. Falls gewünscht, mit frischem Brot servieren.

Käse- und Tequila Fondue

PORTIONEN: 4-6 VORBEREITUNGSZEIT: 20 MIN KOCHZEIT: 20 MIN

Zutaten:

- 3 rote Chilischoten
- 1 Knoblauchzehe
- 1 Zehe Knoblauch, geschält und gepresst
- 2 Frühlingszwiebeln, gewaschen und in Ringe geschnitten
- 2 Esslöffel Öl
- 300 ml trockener Weißwein
- Ca. 220 g geriebener Cheddar-Käse
- 225 g halbharter Ziegenkäse
- 2 1/2 Esslöffel Tequila
- 1 Esslöffel Maisstärke
- Frische Korianderblätter, zum Garnieren
- 8-10 kleine fertige Tortillas

Zubereitung:

1. Paprika waschen, längs aufschneiden, entkernen und fein hacken.
2. Das Öl In einem Fonductopf erhitzen. Die gehackten Paprikaschoten, Knoblauch und Frühlingszwiebeln dazugeben und 1 Minute dünsten.
3. Mit dem Wein ablöschen und nach und nach den Käse unter ständigem Rühren mit einem Holzlöffel hinzufügen. Den Käse bei schwacher Hitze schmelzen, sobald er geschmolzen ist, die Hitze erhöhen und zum Kochen bringen.
4. Hitze reduzieren und köcheln lassen, bis die Konsistenz dickflüssig und cremig ist. Tequila und Maisstärke mischen; rühren, bis die Masse vermengt ist.
5. In die Käsemischung gießen und mischen, bis die Masse eingearbeitet und cremig ist. Den Fonduetopf auf einen Fondue Brenner stellen und warmhalten.
6. In der Zwischenzeit die Tortillas im Ofen erhitzen und in Streifen schneiden.
7. Rollen Sie die geschnittenen Tortillas und legen Sie sie auf die Fonduegabeln.
8. Falls gewünscht, mit Korianderblättern garnieren.
9. Die Tortillas in die Käsemischung tauchen und servieren.

Notizen:

Abschließende Worte

Cocotte? Was ist eine Cocotte?
Haben Sie schon mal davon gehört? Wahrscheinlich schon.

Im Französischen bedeutet Cocotte Topf oder Kasserolle. Es ist eine emaillierte Gusseisenpfanne, die extrem widerstandsfähig gegen hohe und niedrige Temperaturen ist. Außerdem ist sie mit allen Arten von Wärmequellen wie Gas- Elektro- und Induktionsherden kompatibel. Sie können sie auch im Backofen verwenden oder in den Kühlschrank stellen, um Ihre Speisen zu konservieren. Cocotte-Töpfe sind sehr vielseitig, Sie können damit eine Vielzahl von Rezepten zubereiten.

Obwohl der Kauf einer Cocotte zunächst eine recht hohe Investition erfordert, wird sie ein Leben lang halten, wenn Sie sich gut um sie kümmern.

In diesem Sinne wünsche ich Ihnen viel Spaß bei der Zubereitung der vielen Rezepte.

Kleine Erinnerung

„Wahrlich, ich sage euch, wenn ihr nicht umkehrt und werdet wie die Kinder, so werdet ihr nicht in das Reich der Himmel eingehen“ (Matthäus 18:3)

„Jesus spricht zu ihm: Ich bin der Weg und die Wahrheit und das Leben; niemand kommt zum Vater als nur durch mich!“ (Johannes 14:6)

ÜBER DEN AUTOR

Autor: Ursula Greiner 2022

Kontakt: Christian Ehrnsperger, Erik-Geiershoefer Str.1, 90584 Allersberg
Covergestaltung: Christian Ehrnsperger